러셀이 들려주는

지식 이야기

러셀이 들려주는
지식 이야기

ⓒ 오채환, 2008

초판　1쇄 발행일　2008년 5월 13일
초판 10쇄 발행일　2021년 4월 28일

지은이　　오채환
펴낸이　　정은영
펴낸곳　　(주)자음과모음

출판등록　2001년 11월 28일 제2001-000259호
주소　　　04047 서울시 마포구 양화로6길 49
전화　　　편집부 (02)324-2347 경영지원부 (02)325-6047
팩스　　　편집부 (02)324-2348 경영지원부 (02)2648-1311
e-mail　　jamoteen@jamobook.com

ISBN 978-89-544-0807-3 (64100)

러셀이 들려주는

지식 이야기

오채환 지음

|주|자음과모음

책머리에

　오랜 옛날부터 동양의 철학에서는 가장 중요한 네 가지 덕목을 '인 · 의 · 예 · 지'라 하여 지식을 귀한 덕목의 하나로 여겼습니다. 현대에 들어 지식의 중요성은 더욱 커져서 산업의 중심이 공장을 상징하는 '굴뚝' 산업에서 '지식' 산업으로 바뀌어 가고 있습니다. '지적 재산권'이라는 새로운 용어는 공장이 돌아가는 '시간' 대신 '지식'이 곧 돈임을 말해 주기도 합니다. 그러나 정작 지식이 무엇인지에 대해서는 명확하게 규정하기가 어렵고, 철학자들 사이에서도 이 문제에 관하여 많은 논란이 있었습니다.

　이에 우리는 이 책을 통해서 20세기 대표적 철학자 중 한 사람인 러셀의 견해를 중심으로 '지식'에 대해서 살펴보고자 합니다. 그것은 단지 몇 가지 개별지식을 추가하는 것이 아니고 지식이란 어떤 것인지 알아보는 것, 즉 지식 자체에 대한 이해를 목표로 하는 것입니다. 그런 이해를 체계적으로 꾀하는 철학 분야를 인식론(또는 지식론)이라고 합니다. 철학 분야에서 다루는 대상들이 대부분 그렇듯이, 인식론에서 다루는 지식에 대해서도, 우리가 알고 있다고 생각하는 것에 비해 실제로는 잘 모르거나 잘

못 알고 있는 경우가 많습니다.

가장 대표적인 오해는 지식을 그것이 담고 있는 참인 정보(즉, 진리)와 동일시하는 데서 출발합니다. 흔히 현대 사회를 '지식·정보 사회'라고 표현하는 데서도 볼 수 있듯이, 지식과 정보는 밀접한 것으로서 동일시하기 쉽지만 둘은 엄연히 다릅니다. 비유하자면 지식과 정보의 관계는 밥과 쌀의 관계와 같습니다. 이를테면 책에 어떤 수학 공식이 정확하게 적혀 있다고 해도 그것이 수학 지식을 담고 있는 것이 아닙니다. 그 내용을 온전히 습득하는 사람에게 지식이 될 수 있는 수학 정보를 담고 있을 따름입니다. 다시 말해 지식이란 진리 자체가 아니고 진리를 온전히 습득하는 과정까지 포함하는 것입니다. 이는 누군가에 의해 쌀을 조리하는 과정까지 거쳐야만 밥이 되는 것과 흡사합니다.

더욱이 쌀이 밥으로 되기까지 거쳐야 하는 조리 과정이 단순해 보이지만 엄연히 독립적인 두 과정 즉, 끓이기와 뜸 들이기로 나뉘는 점 역시 정보가 지식이 되는 과정과 흡사합니다. 맛있는 밥을 만들기까지는 깨끗한 쌀이 있어야 하고, 그것을 누군가 끓이고 뜸을 들여야 합니다. 마찬가지로 엄격한 의미의 지식이 성립하기까지는 주어진 정보가 참이어야 하고, 누군가 그것을 믿고 받아들여야 하며, 마지막으로 앞의 두 과정을 입증할 수 있어야 합니다. 그래야 비로소 주어진 정보를 지식으로 가졌다고 할 수 있는 것입니다. 이런 세 조건을 각각 지식 성립의 '진리 조건', '승인 조건', '정당화 조건'이라 부릅니다. 이 모든 것을 압축해서 표현한 지식 규정이 '적절히 정당화된 참된 믿음' 입니다.

우리가 어떤 지식을 가졌다고 하기까지, 즉 무언가를 안다고 주장할 수 있기까지는 이처럼 까다로운 조건을 만족 시켜야 합니다. 그렇지만 지식의 중요성이 날로 커지는 점을 감안하면 피할 수 없는 최소한의 까다로움입니다. 이와 같은 배경을 미리 생각하고 학습을 한다면 의외로 어렵지 않을 수 있습니다. 이 조그만 책이 여러분의 쉽고 재미있는 학습에 조금이나마 도움이 될 수 있다면 참 좋겠습니다.

2008년 5월
오채환

C O N T E N T S

"송희야, 저녁 먹어."

양희 언니가 부르는 것도 들은 체 만 체, 송희는 책상에 앉아 문제집만 들여다보고 있었습니다.

"저녁 먹으라고. 다들 기다리고 계시잖아."

또다시 양희 언니가 채근했습니다.

"안 먹어!"

송희는 여전히 문제집에 코를 박고 돌아보지도 않았습니다. 등 뒤에서 들리는 언니의 한숨 소리를 들으며 송희는 짜증이 나는지 버럭 소리를 질렀습니다.

"나 지금 시험공부하는 것 안 보여? 밥 먹을 시간도 없다고! 공부하는 데 방해하지 말고 그만 나가 줘."

양희 언니는 하는 수 없이 송희의 방을 나갔습니다. 양희 언니가 나가자마자 이번엔 엄마가 들어오셨습니다.

"얘, 채송희! 너 빨리 안 나올래?"

엄마는 다짜고짜 문제집을 덮어 버렸습니다.

"엄마!"

송희는 휙 뒤돌아보았습니다. 얼굴을 잔뜩 찡그리고 말이지요.

"엄마, 나 지금 시험공부 하고 있단 말이에요."

공부라면 껌뻑 죽는 엄마에게 송희는 보란 듯 문제집을 가리켰습니다.

"누가 몰라? 저녁 밥 먹고 하라고."

그러나 웬일인지 엄마의 반응은 달랐습니다. '그래, 어서 공부해라.' 하실 줄 알았는데 말이지요.

"밥 먹을 시간도 없다고요! 내일부터 시험인데……."

송희는 6학년입니다. 내일은 6학년 2학기 기말 시험이 시작되는 날입니다. 초등학교의 마지막 시험인 만큼 이번 시험은 아주 중요합니다. 이번 시험을 잘 봐야 초등학교의 마무리도 잘하는 것일 테고, 중학교에 올라가서 자신의 실력을 가늠할 중요한 지표가 될 테니까요. 그래서 송희는 더욱 마음이 쓰여 자신도 모르게 예민해졌나 봅니다.

"아무리 시험이라도 밥은 먹어야 하지 않겠니?"

심란해 하는 송희에게 엄마가 말씀하셨습니다.

"하루쯤 굶는다고 큰일이 나진 않지만, 이번 시험 망치면 큰일이라고요. 시험 못 보면 엄마가 책임질 거예요?"

송희가 소리를 지르며 대들었습니다. 마치 엄마가 잘못해서 자신이 시험을 제대로 못 치르는 것처럼 말이지요.

"엄마가 왜 책임을 지니? 네 공부는 네가 알아서 해야지."

어이가 없으신지 엄마가 코웃음을 치셨습니다.

"그러니까요! 제발, 저 좀 그냥 두세요. 제가 알아서 하려고 이러는 거잖아요."

그깟 밥이 뭐라고, 먹기 싫다는데 자꾸 먹으라고 재촉하는 엄마가 야속했습니다.

"그러게 평소에 공부를 해야지, 시험을 코앞에 두고 그렇게 벼락공부를 한다고 잘되겠어?"

송희는 엄마의 말에 대꾸를 하지 못했습니다. 엄마 말씀이 옳기 때문이었지요. 송희는 항상 평소에는 공부를 하라고 해도 하지 않고 시험 기간만 되면 이렇게 집안 식구들까지 들썩이도록 야단법석이었습니다. 송희도 이 사실을 잘 알고 있었지만, 어쨌든 그동안 시험도 잘 보았고, 성적도 언제나 상위권이었습니다. 그래서 늘 선생님과 부모님의 칭찬을 받아 왔습니다.

"그렇다고 제 성적이 나쁜 건 아니잖아요. 어쨌든 상위권에 들고 시험도 잘 치르잖아요. 공부만 잘하면 되는 거 아니에요?"

평상시에 공부를 안하고 몰아서 한다고 야단이시면서도 성적표가 나오는 날이면 엄마는 함박웃음을 지으시며, '우리 송희가 제일이야!' 하셨습니다.

"그래도……."

엄마도 송희의 말에는 딱히 하실 말씀이 없었습니다.

"그래도 네 건강 생각해서 밥 먹고 하라는 거지."

"저를 생각해 주신다면 제발 오늘은 제 뜻대로 해 주세요. 엄마 때문에 지금 얼마나 시간을 낭비했는지 몰라요!"

엄마는 더 이상 말씀을 하지 않고 송희의 방을 나가셨습니다. 송희는 다시 문제집을 펼쳤습니다. 책상에 앉아 문제를 푸는데 자꾸 시험 걱정만 되고 집중이 되지 않아 짜증이 났습니다. 한참 집중해서 공부가 잘되고 있었는데 양희 언니와 엄마가 들어와 밥을 먹으라고 채근하는 바람에 다 망친 것만 같아 양희 언니와 엄마가 원망스러웠습니다. 송희는 시계를 바라보았습니다. 이제 막 7시가 넘고 있었습니다. 조금 전까지만 해도 5시였던 것 같은데 왜 이렇게 시간이 빨리 가는지, 시험 전날은 시간이 평소의 두 배로 지나가는 것 같습니다.

안다는 것은 무엇일까?

 단순히 암기해서 얻은 지식은 지식이 아니며, 부단히 노력해서 얻은
지식만이 진정한 지식입니다.

－ 톨스토이

1 벼락치기 공부

"미영아, 너 시험공부 많이 했지? 뭐, 많이 안 했어도 넌 원래 공부를 잘하니까……. 이번 시험이 초등학교 마지막 시험이라 난 열심히 준비한다고 했는데, 잘 못 볼 것 같아."

선주는 의기소침해서 금세 목소리가 기어들어갔습니다.

"원래 공부를 잘하는 게 어디 있어. 열심히 하면 되는 거지. 너무 기죽지 마, 선주야."

송희는 그런 선주를 위로해 주었습니다.

"그러게, 열심히 하면 되는 거야. 평소에 말이지. 하루아침에 벼락치기를 한다고 해서 시험을 잘 보는 건 아니지."

미영이의 말에 송희는 눈살을 찌푸렸습니다.

"어째, 미영이 너, 나 들으라고 하는 말 같은데?"

송희가 톡 쏘아붙였습니다.

"어머? 도둑이 제 발 저린다고 하더니, 너 혹시 그런 거야? 난 그냥 일반적인 얘길 했을 뿐이야."

미영이는 고개를 위로 꼬고 새침하게 말했습니다. 송희는 그런 미영이가 얄미웠습니다. 미영이는 반에서 1등입니다. 미영이는 학원에 다니지 않습니다. 자기 나름대로 철저하게 계획을 세워 공부하는 습관을 들여 항상 1등을 놓치지 않았습니다. 성적뿐만이 아니었습니다. 미영이는 아는 것도 많고 똑똑한 아이였습니다. 그런 미영이가 아이들의 부러움을 사는 것은 당연한 일인지도 몰랐습니다. 그러나 왠지 송희는 그런 미영이가 잘난 척을 한다고 생각했습니다. 사실 잘난 척 하는 것이 아니라 똑똑했기 때문이지만 말이에요. 그걸 알면서도 얄미운 건 어쩔 수 없었습니다.

송희와 미영이의 분위기가 조금 어색해지자 선주가 얼른 화제를 돌렸습니다.

"이번 시험에는 뭐가 나올까? 사실 난 열심히 공부했다고 해도 머리가 나쁜지 성적이 좋지 않아."

송희와 미영이는 성적이 좋은 아이들이었습니다. 선주는 그런 송희와 미영이가 부러웠습니다. 선주는 학원도 많이 다니고 공부도 열심히 했지만 성적이 그리 좋은 편은 아니었습니다. 그래서 자신은 머리가 나쁘다고 생각했지요. 아무리 노력을 해도 안되는 그런 사람이 있잖아요? 선주는 자신이 바로 그런 사람이라고 생각했습니다.

"시험 문제가 뭐가 나올지는 하느님, 부처님도 모를 거야. 문제를 출제하신 선생님만 아실뿐이지. 사실 시험은 어느 정도 운이 작용하는 것 같아. 정말 공부를 많이 못했는데도 점수가 잘 나오는가 하면, 열심히 했는데도 성적이 안 나오는 경우가 있거든. 확실히 운도 좋아야 한다니까!"

송희의 말에 미영이가 '풋' 하고 코웃음을 쳤습니다. 그런 미영이를 송희가 신경질적으로 바라보았습니다.

"운이라니? 그건 말도 안돼! 어떻게 시험 문제가 운에 따라 다르다는 거야? 선생님들의 수업 방식과 성격을 꼼꼼히 생각해 보면 어떤 식으로 문제가 나올지 그 출제 경향을 짐작할 수 있어. 그런

방식으로 계획해서 공부하면 되는 거고. 송희 너는 성적은 좋으면서 어째 그런 걸 모를 수 있니?"

미영이가 한심하다는 듯 송희를 바라보았습니다.

"선생님의 성격을 안다고 해서 어떤 문제가 나올지 어떻게 알아? 그걸 안다면 그게 바로 운이 따라 주는 거 아냐?"

송희도 미영이의 말에 지지 않고 대꾸했습니다.

"그건, 운이 아니라 철저한 분석에 따른 거야."

송희와 미영이가 논쟁을 벌였습니다. 선주는 자신이 꺼낸 말 때문에 송희와 미영이가 말다툼을 하는 것 같아 미안했습니다.

"미안해. 괜히 나 때문에 너희들이 싸우는 것 같아. 나는 그냥……."

"왜 네가 미안하니?"

송희가 선주를 쳐다보았습니다.

"그러게, 이건 미안할 일이 아니라 분명히 짚고 넘어갈 문제일 뿐이야."

미영이는 송희의 말을 놓치지 않고 대꾸했습니다. 송희와 미영이의 대화는 자꾸만 엉켜 갔습니다. 선주는 할 말을 잃었습니다.

"그러니까 너희들이 나 때문에…… 내가 괜한 질문을 해서……."

선주는 차마 말을 잇지 못했습니다.

"넌 너무 착한 게 탈이야!"

송희가 선주를 다독이며 말했습니다.

"그런 건 착한 거라고 하는 게 아니지. 너무 소극적이라고 하는 거지."

미영이의 말에 송희가 슬쩍 눈을 흘겼습니다.

"너희들, 자꾸 그러면 정말 내가 잘못한 것 같잖아. 이제 그만해."

선주는 곧 울음을 터뜨릴 것처럼 울상이 되었습니다.

송희와 미영, 그리고 선주는 단짝인' 친구사이지만, 종종 이렇게 의견이 엇갈리기도 했습니다. 그렇지만 오늘은 송희와 미영이가 너무 예민한 것 같았습니다. 아마도 시험 때문에 그렇겠지요. 이러다 정말 싸움이 나는 건 아닌지 선주는 걱정이 됐습니다. 그때 수업을 알리는 종소리가 울렸습니다. 이야기가 잘 풀어지지 않아 조금은 찜찜했지만, 다들 각자의 자리로 돌아가 시험 치를 준비를 했습니다.

시험이 시작되자 교실은 정적이 흘렀습니다. 이렇게 조용한 교실이 아니었지만, 유난히 이번 시험 시간은 긴장이 흘렀습니다.

히터가 돌아가는 소리, 아이들의 한숨 소리, 선생님의 발자국 소리만이 간간이 들려올 뿐이었습니다.

송희는 너무 긴장이 된 탓인지, 히터가 너무 세게 돌아가 더운 탓인지 볼이 발그레 달아올랐습니다. 분명히 어제 풀어 본 문제와 비슷한 문제인 것 같은데, 딱히 답이 떠오르지가 않았습니다. 송희는 창밖을 내다보았습니다. 어느새 창밖에는 눈이 내리고 있었습니다. 평소 같으면 눈이 온다고 소리를 지르며 좋아했을 테지만, 시험을 치르느라 아이들은 눈이 오는지도 모르고 시험지를 뚫어져라 쳐다보고 있었습니다. 송희도 눈이 오는 것에 흥이 나지 않았습니다. 시험 문제만 자꾸 눈앞에서 맴돌았습니다. 머릿속에 쏙 박혀 들지 않아 문제가 어렵게만 느껴졌습니다. 시험 첫 날부터 뭔가 풀리지 않는 기분이 영 좋지 않았습니다. 시험 첫 날 첫 시험의 첫 문제가 잘 풀려야 마지막 문제까지 잘 풀 수 있을 텐데 말이지요. 송희는 세차게 고개를 흔들었습니다.

'집중! 집중하자!'

송희는 시험을 잘 치러야 한다는 압박감을 스스로에게 심고 또 심었습니다. 그러자 문제가 하나 둘씩 눈에 들어오기 시작했습니다.

2 결과만 좋으면 됐지, 뭐

"눈이 왔네?"

"그러네."

"눈이 오니까 좋다."

"그래, 좋다."

시험을 보는 사이에 눈이 내리기 시작했지만, 시험을 모두 마치고 집으로 돌아갈 때는 이미 눈이 그쳤습니다. 그렇지만, 발자국이 찍힐 만큼 눈이 쌓여 눈을 볼 수는 있었습니다. 평소 같으면 이렇게 조금 내린 눈이라도 모두 뭉쳐 서로에게 뿌리며 장난치고 강아지처럼 운동장을 뛰어다니며 좋아라 했을 텐데 어쩐지 흥이 나지 않은 모양인지, 송희와 미영 그리고 선주는 힘이 쭉 빠져 시무룩했습니다.

"아무래도 나…… 시험을 못 친 것 같아."

선주가 울상을 지으며 말했습니다.

"나도 그래. 이번 시험은 정말 어려웠던 것 같아."

송희도 한마디 했습니다. 그러면서 슬쩍 미영이의 표정을 살폈습니다. 미영이는 시험을 잘 보았을까? 어렵지 않았을까? 하는 여러 가지 궁금증을 가지고 말이지요. 미영이가 말했습니다.

"시험 때문에 오늘 아침밥도 못 먹고 왔더니 배가 고프다. 우리 정진네 분식집에서 떡볶이 먹자."

그러고 보니 선주와 송희도 아침을 먹지 못했습니다. 시험날 아침에는 아이들 대부분이 아침을 거르고 학교에 오곤 했습니다.

"그래, 좋아!"

아이들은 정진네 분식집에 가서 떡볶이와 닭 꼬치를 시켰습니다. 정진네 떡볶이는 자장 소스가 들어가 달콤했습니다. 대신 닭 꼬치는 정말 눈물이 날 정도로 매웠습니다. 그래서 달콤한 떡볶이와 매운 닭 꼬치를 번갈아 먹었습니다. 세 친구들은 배가 고파 한참 동안 먹는 데만 열중했습니다. 그러다 결국 시험 이야기를 다시 하게 되었습니다.

"사실, 너희들이 비웃어도 어쩔 수 없지만, 난 나름대로 공부를 열심히 해. 그런데 이상하게 시험만 보면 엉망이야. 다 알고 있는 것 같았는데 막상 시험을 치면 다 틀려. 너무 속상해! 난 왜 그럴까? 정말 머리가 나빠서 그런 걸까?"

선주가 힘없이 말했습니다. 어느새 떡볶이 접시 위로 눈물이 뚝 떨어졌습니다.

"울지 마!"

송희와 미영이가 위로해 주었습니다.

"에디슨도 어렸을 때는 아주 바보였대. 그렇지만 노력해서 훌륭한 발명가가 됐잖아? 그래서 에디슨이 말하기를 자신은 '99퍼센트의 노력과 1퍼센트의 영감'으로 훌륭한 발명가가 됐다고 했잖아. 그러니까 노력이 중요한 거지, 원래 머리가 똑똑하고 덜 똑똑하고는 상관없는 것 같아. 생각해 봐. 아무리 머리가 똑똑하다고 해도 노력하지 않으면 무슨 소용이 있겠니? 난 선주 네가 공부한 것들이 네 머릿속에 어느 정도 채워져 있을 거라고 생각해. 그것

이 나중에 빛을 낼 거야. 그러니까 너무 걱정하지 마."

송희는 자신이 너무 횡설수설한 것처럼 느껴졌습니다. 그래도 선주에게 위로가 될 것이라고 생각했습니다.

"그래, 송희 말이 맞아. 그렇지만, 더 중요한 것은 노력만 해서는 안된다는 거야. 무조건 외우고 문제를 풀고 한다고 해서 공부를 잘하는 건 아니야. 어떤 방법으로 공부를 할 것인지 철저하게 계획하고 연구하지 않으면 아무 소용이 없어."

미영이의 말에 송희는 좀 언짢았습니다. 선주를 위로해 주려고 하는 말이 아니라 왠지 자신에게 질책하는 말처럼 들렸기 때문이었습니다.

"미영이 너는 아까부터 공부하는 방법이 어쩌고저쩌고 하는데, 어쨌든 시험만 잘 보면 되는 거 아니야?"

송희는 오늘따라 미영이의 태도가 마음에 들지 않았습니다.

"물론 결과는 같겠지. 네가 벼락치기 공부를 하고 내가 날마다 계획적으로 공부를 하는 것이 결과는 같을지 몰라도 정말 둘 다 똑같이 공부를 잘한다고는 할 수 없어."

미영이의 말에 송희는 화가 났습니다. 시험을 보기 전에도 미영이는 지금과 똑같은 말을 했습니다.

"넌 지금 잘난 척 하고 싶은 거니? 나는 네가 뭐라고 해도 결과에 대해서는 똑같다고 생각해. 아무리 공부 방법에 차이를 둔다고 해도 어쨌든 결과는 같잖아?"

아이들은 한참 동안 말이 없었습니다. 각자 서로의 입장을 생각하는 것이었을까요? 아니면 자신의 생각이 옳다고 생각하는 것이었을까요? 선주는 송희의 말이 옳은 것 같기도 하고 미영의 말이 옳은 것도 같아 고개를 갸우뚱거렸습니다.

"잘 생각해 봐! 똑같이 시험 점수를 얻었다고 해서 두 사람이 똑같이 알고 있다고는 할 수 없어. 벼락치기 공부를 한 사람이 어쩌다 답을 맞힌 것하고 원리를 하나하나 생각하면서 공부를 한 사람이 답을 맞힌 것하고는 다르잖아?"

미영이는 차분하게 자신의 생각을 설명했습니다.

"그래, 네 말이 틀리다는 게 아니야. 하지만 어쨌든 같은 결과를 얻었는데, 누구는 공부를 잘하고 누구는 못한다고 할 수는 없잖아? 그것을 평가하기 위해 시험이라는 것이 있는 거고. 시험을 보는 목적이 뭐겠어? 누가 얼마큼 많이 알고 있느냐 하는 것을 테스트하기 위해서니까 그 답으로 결과를 알아보는 거 아냐? 미영이네 말대로라면, 무엇 때문에 시험이 있겠니? 지식이라는 것이 눈으로 보이지 않으니 시험으로 대신할 수밖에 없고 또 그 결과에 따라 평가하는 것이지."

송희도 일목요연하게 자신의 생각을 설명했습니다. 선주는 누가 옳은 생각을 갖고 있는지 헛갈렸습니다. 미영의 말도, 송희의 말도 모두 일리가 있었으니까요.

"답을 맞혔다는 결과가 같다고 해도, 그 문제를 진짜 안다고 할 수도 없고 그걸 지식이라고 할 수도 없어."

미영이는 송희를 이해할 수가 없었습니다. 어떻게 벼락치기 공부로 자신의 성적을 정당화 시키려고 하는 것인지 말입니다.

"그럼, 미영이 네 말은 네가 아는 것은 참지식이고 내가 아는 것은 거짓지식이라는 거야? 지식이 어떻게 참과 거짓이 있을 수 있어? 지식은 모두 그냥 지식일 뿐이야!"

송희는 미영이가 모든 것을 자기중심적으로 생각하고 있는 것 같았습니다. 송희는 몹시 화가 나서 자리를 박차고 일어섰습니다.

송희가 먼저 일어나는 바람에 둘만 남게 된 미영과 선주는 조금 난처했습니다. 미영이는 자신이 알고 있는 것, 그리고 옳다고 생각하는 것에 대해 설명했을 뿐입니다. 송희의 말대로 잘난 척을 하려고 한 말이 아니었습니다.

선주도 자신이 괜히 시험을 못 봤다느니, 머리가 나쁘다느니, 푸념을 늘어놓아 이런 일이 일어난 것 같아 마음이 몹시 불편했습니다. 아무리 사소한 말다툼을 해도 송희와 미영이와 선주는 언제나 금방 풀어지고 이해하는 단짝 친구들인데 오늘은 어쩐지 심각한 것 같았습니다.

먼저 가 버린 송희 때문에 선주와 미영이의 마음이 몹시 불편했지만, 먼저 일어난 송희도 그다지 마음이 편하지 않았습니다.

그러나저러나 진정으로 안다는 것은 무엇일까요?

학교 공부가 곧 지식이라고?

우리는 학교에 왜 다닐까요? 바로 공부하기 위해 다니는 거죠. 그런데 "학교 공부는 지식만 가르치고 배우는 것이 아니다."라는 말을 가끔 들어요. 이 때의 '공부'는 우리 옛 선현들이 생각했던 특별한 의미의 공부에 가깝습니다. 중국의 송명학(주자학과 양명학)에서 시작된 뜻으로서 공부는 '완전한 인격에 이르기 위한 실천·수행·노력' 등을 통틀어서 일컬었습니다.

그렇지만 이 말을 뒤집어서 생각해 보면, 학교에서 가르치고 배우는 공부의 핵심은 무엇보다 지식을 배우고 익히는 것임을 역설적으로 표현하고 있습니다. 실제로 국어사전에도 공부란 '학문이나 기술을 배우고 익힘'으로 요약되어 있습니다. 그래서 대부분의 사람들은 학교 공부라고 하면 '교과목 지식'을 학습하는 것이라고 생각합니다.

그런데 문제는 사람들이 '지식'이란 것에 대해 오해하고 있다는 사실입니다. 많은 사람들이 지식을 기억 속에 저장해 놓은 정보쯤으로 여기고 있습니다. 이런 오해 때문에 지식에는 반드시 '믿음'이 뒷받침되고 있다는 사실을 놓치고 맙니다. 이것은 많은 지식을 가진 사람과 대용량 메모리가 들어 있는 로봇이 엄연히 다르다는 사실을 잊는 것과 같습니다.

  또한 지식은 앎의 근거를 포함하고 있다는 사실 역시 놓치고 맙니다. 지식을 엄격한 기준에서 말하려면 믿고 있는 정보가 참임을 설명할 수 있어야 합니다. 다만 학교 공부의 경우 이 기준의 근거는 해당 과목 교과서와 담당 선생님의 설명으로 대체 · 생략될 수 있습니다.

  왜냐하면 새로운 지식을 밝혀 탐구해 내는 학자가 아닌 학생들은 기존에 밝혀진 지식을 능률적으로 습득하는 과정에 있기 때문입니다. 이런 사정은 학교 시험의 맹점과 더불어 지식에 대한 오해를 키운답니다.

지식에 대한 오해를 키우는 학교시험의 맹점

흔히들 학교 공부를 잘한다는 것은 시험 성적이 좋다는 것과 거의 같은 뜻으로 쓰입니다. 따라서 교과목의 지식을 많이 습득한 학생일수록 시험 성적이 좋습니다. 그런데 문제는 시험 성적이 좋다고 해서 올바른 지식을 많이 습득한 것이라 말할 수는 없다는 사실입니다.

학교 시험의 커다란 모순점은 엄격한 지식을 습득하지 않고서도 좋은 성적을 얻을 수 있는 방법을 여러 가지로 허용한다는 데 있습니다. 객관식 문제는 어떤가요? 지식이 전혀 없는 학생도 점수를 얻을 수 있다는 심각한 문제점이 있습니다. 흔히 '벼락치기'라고 하는 편법 학습은 기억 속에 마구잡이 정보를 일시적으로 저장해 놓는 버퍼링에 가까운 학습이에요. 엄격한 지식 습득과는 거리가 멉니다. 이것이 왜 정답이 되는지 근거와 이유를 묻지 않으니까요. 이 물음은 엄격한 지식이 되기 위한 최종 조건인데 말이죠. 오히려 근거를 설명하는 능력은 좋은 성적의 요인으로 거의 반영되지 못하고 맙니다.

지식과 관련한 이런 문제에 대하여 학생으로서 우리는 어떻게 해야 할까요? 성적을 무시하는 태도는 물론 옳지 않습니다. 엄격하게 지식을 습득하면 저절로 좋은 성적을 가지게 되니까요. 그렇지만 시험 성적만을 기준 삼아 자신이 가진 지식 습득 정도를 판단할 경우에는 신중하게 생각해야 합니다. 특히 성적이 좋은 경우, 그것이 어떤 노력의 결과인지 냉정하게 살펴볼 필요가 있습니다.

　이 책의 주인공인 송희의 경우처럼, 엄격하게 지식을 획득하지 않아도 성적이 항상 좋게 나오는 학생은 지식에 대한 그릇된 생각을 가지게 됩니다. 그래서 엄격한 의미의 지식이란 어떤 것인지 정확하게 이해하는 일은 우리가 취해야 할 가장 중요한 과제입니다.

　이어지는 이야기를 통해서 엄격한 지식의 세 가지 조건을 좀 더 상세히 알아봅시다. 이는 '부단한 노력을 통해서 얻은 지식만이 진정한 지식'이라는 톨스토이의 경구에서 '부단한 노력'이 정확하게 어떤 것인지를 밝히는 것이기도 합니다.

안다는 것이 곧 지식이 되진 않아요

 무지함을 두려워 말라. 거짓 지식을 두려워하라.

― 파스칼

1 대한민국 퀴즈 달인

　정진네 분식집에서 먼저 나온 송희는 괜히 현관문을 세게 닫고 집에 들어왔습니다.

"아이구, 깜짝이야!"

"엄마야!"

　먼저 놀라 소리를 지른 건 송희의 언니 양희였습니다. 그러나 집에 아무도 없을 줄 알고 열쇠로 문을 열고 들어가던 송희 역시 놀라긴 마찬가지였습니다.

"왜 그렇게 문을 세게 닫니? 깜짝 놀랐잖아!"

"놀라긴 나도 마찬가지야. 언니가 이 시간에 웬일이야?"

송희는 대학생이랍시고 만날 늦게 다니는 양희 언니를 놀리듯 말했습니다.

"나도 시험 기간이라서 일찍 왔어. 오늘은 좀 쉬려고."

"왜? 친구들하고 놀러 안 나가셨나?"

"좀 피곤해서……."

"치, 대학생이 뭐가 피곤해? 나 같은 초딩이 피곤하지. 대학생들은 수업도 조금밖에 없고 방학도 3개월이나 되면서!"

송희는 미영에게 화가 났던 마음을 양희 언니에게 화풀이 하듯 톡 쏘아붙였습니다.

"너 뭐 기분 나쁜 일 있니? 왜 말에 가시가 돋쳤을까?"

양희 언니는 송희의 표정을 살폈습니다.

"몰라, 몰라. 나 목말라. 주스나 줘."

"예, 예, 알겠습니다. 아가씨!"

양희 언니의 넉살에 송희는 그냥 웃고 말았습니다. 송희는 가방을 방에 던져 놓고 거실로 나왔습니다. 그리고 언니가 가져다 준 주스를 단숨에 마셨습니다.

"좀 천천히 마셔. 급하게 먹으면 주스도 체한다니까."

"목이 타서 그래."

"왜? 시험이 어려웠니?"

"몰라."

송희는 퉁명스럽게 대답했습니다.

"수학도 어려웠어?"

"아니, 수학은 언니 덕에 좀 쉽게 풀었는데 나머지는…… 몰라, 몰라. 다 어려웠어."

송희는 모든 과목 중에서 수학이 제일 자신 있었습니다. 왜냐하면, 그건 모두 양희 언니 덕분이었지요. 양희 언니는 수학과에 다니는데 수학을 아주 쉽게 가르쳐 주어서 송희는 수학을 아주 재미있게 공부했습니다.

"그래도 아직 시험이 끝난 게 아니잖아? 하루 더 남았으니까 최선을 다하면 좋은 결과가 나올 거야."

양희 언니는 송희를 위로해 주었습니다.

"흥, 언니는 내가 시험을 망쳤다고 생각하는 거야? 어려웠을 뿐이지 시험 성적은 막상 나와 봐야 아는 거라고, 뭐…… 그래도 대충 결과는 좋을 거라고 생각해. 그런데 언니도 지금 날 무시하는 거야?"

송희는 자신 스스로를 위로했다 화를 냈다 오락가락했습니다.

"무슨 소리야? 난 그냥……."

양희 언니는 송희의 반응에 당황했습니다.

"결과만 좋으면 됐지, 뭐. 성적 나오면 알 걸 왜 자꾸 귀찮게 물어? 언니도 미영이가 똑같은 말을 하려는 거야?"

"대체 왜 그래? 다짜고짜 화부터 내고……. 혹시 너 오늘 미영이랑 싸웠니?"

"내가 어린애야? 싸움이나 하고 다니게?"

"그럼 왜……."

"글쎄, 미영이가……."

송희는 억울하다는 듯 말을 꺼냈습니다.

"그래, 말해 봐."

"됐어. 말해 봤자, 언니도 미영이랑 똑같은 말을 하겠지. 뭐."

"내가 무슨 말을 어떻게 할 지 네가 어떻게 알아? 일단 네 이야기부터 듣자. 송희 너도 마음속에 담아 둔 말을 해야 속이 좀 후련하지 않겠니?"

양희 언니의 설득에 송희는 미영이와 학교에서 있었던 일을 하나도 빠짐없이 말했습니다. 그런데 이야기를 듣던 양희 언니는 한참 동안 말이 없었습니다. 송희는 자신이 뭔가 말을 잘못했나 싶어 양희 언니의 눈치를 살폈습니다.

"내가 잘못됐어? 맞잖아. 결과에 따른 평가를 내리는 것이 공정하지 않아? 그러니까 시험이 있는 거고. 미영이는 자기가 좀 똑똑하다고 너무 자기중심적이라니까. 치! 선주는 얼마나 속상했겠어? 선주는 열심히 노력하지만 결과도 좋지 않은데, 끝까지 자기만 잘났다고 지식이 어쩌고저쩌고 해야겠냔 말이야!"

송희는 흥분해서 말했습니다. 여전히 양희 언니는 고개를 끄덕일 뿐 말이 없었습니다.

"뭐라고 좀 얘기해 봐. 내가 잘못된 거냐고! 뭐야? 혹시 언니도 미영이랑 같은 생각을 하는 거야? 치, 됐어, 됐어! 관둬! 내가 괜히 얘기했지. 그러기에 내가 말 안 한다고 했잖아!"

송희는 양희 언니마저 미영이처럼 얄미웠습니다.

"송희야."

마침내 양희 언니가 말을 꺼내려고 했습니다. 송희는 들은 체도 하지 않고 텔레비전을 켰습니다. 텔레비전에서는 송희네 가족이 좋아하는 〈대한민국 퀴즈 달인〉이 재방송 되고 있었습니다. 송희

네 가족은 일요일 아침이면 모두 둘러앉아 〈대한민국 퀴즈 달인〉을 시청했습니다. 문제를 맞히는 재미도 있지만, 누가 더 많이 맞히나 경쟁을 하는 재미도 쏠쏠하기 때문이었습니다. 재방송이긴 하지만, 예전에 봤던 것이 아니어서 송희는 흥미롭게 텔레비전 앞에 앉았습니다.

"송희야."

"뭐? 말해."

송희는 언니가 부르는 말에 건성으로 대답을 했습니다.

"내가 생각하기엔 네가 '지식'이란 개념을 잘못 알고 있는 것 같아."

양희 언니가 조심스럽게 이야기를 시작했습니다.

"뭐? 그럼 지식이 뭔데? 객관적으로 타당하게 알고 있는 내용, 그것이 지식 아니야? 안다는 게 지식이지, 뭐 별거야? 언니는 동생이 하는 말도 몰라? 척하면 무슨 소린지 알아야지. 그걸 꼭 설명해야 알아? 그리고 지금 언니 나한테 뭔가 가르치려고 하는 거야? 안 그래도 난 머리가 복잡하다고!"

송희는 양희 언니가 자신의 편에서 위로를 해줄 줄 알았습니다. 그런데 갑자기 지식의 개념을 잘못 알고 있다니요? 송희는 양희 언니도 대학생이라고 미영이처럼 잘난 척을 하고 싶어한다고 생각했습니다. 송희는 양희 언니는 쳐다보지도 않고 텔레비전만 바라보며 말했습니다.

"물론 사전적 의미로 네 말이 맞긴 해. 그렇지만, 지식의 개념을 그렇게 간단하게만 볼 수 없을 것 같아."

양희 언니가 뭔가 심각한 말을 하려고 하는 것 같아 송희는 잠시 텔레비전에서 눈을 떼고 언니를 바라보았습니다.

"네가 하는 말이 무슨 뜻인지 알지만……. 그래, 네가 하는 말을 알겠어, 할 때 안다는 사실, 그것도 '지식'이라고 볼 수 있지만, 그런 표현에서의 앎은 '친숙지식'일 뿐이지 지식 그 자체는 아니잖아?"

양희 언니의 말을 듣고 보니 안다는 것이 곧 지식은 아니라는 말에는 공감했습니다. 그러나 송희는 고개가 끄덕여 지면서도 양희 언니의 말이 알쏭달쏭했습니다. 정말 안다는 것은 지식이 될 수 없는 것일까요?

"그리고……."

"됐어! 잔소리할 거면 그만 둬. 이제 막 시작했단 말이야."

송희는 언니의 말을 끊고 텔레비전 앞에 바짝 다가가 앉았습니

다. 드디어 광고 방송이 끝나고 〈대한민국 퀴즈 달인〉이 시작되었습니다. 퀴즈 프로그램에 참가한 7명의 사람들이 각자의 개인기를 뽐내며 자기소개를 했습니다. 그 중에 한 사람이 색소폰을 연주했습니다. 또 한 사람은 암기력이 뛰어나 진행자가 불러 주는 숫자의 합을 빠르게 계산했습니다.

"역시, 문제도 잘 풀어야 하지만, 저런 것도 다 잘할 줄 알아야 한다니까!"

게다가 어떤 참가자는 3개 국어로 아주 능숙하게 자기소개를 했습니다.

"진짜 멋지다! 나도 저런 걸 할 줄 알았으면!"

송희는 연신 감탄했습니다.

"그래, 맞다!"

그때 양희 언니가 말했습니다.

"뭐가?"

"저 사람들이 색소폰을 연주할 줄 아는 것, 빠른 계산을 할 줄 아는 것, 외국어를 구사할 줄 아는 것! 그 모든 것도 아는 것이잖아? 이 또한 다른 사람과 구별되는 특별한 능력이야. 그렇지만 그런 사람을 지식인이라고 하지는 않잖아."

"……."

송희는 언니의 말에 침묵으로 동의했습니다. 언니의 말대로 그 것은 특별한 능력이지 지식은 아닌 것 같기 때문이었습니다. 색소 폰을 연주하고 빠르게 계산하고 외국어에 능통하다고 해서 문제 를 잘 푸는 것은 아니니까요. 그렇게 재능이 있는 사람들도 1단계 에서 탈락하는 경우가 많았습니다. 맞아요. 그것은 재능이지 지식 은 아니지요.

"그러니까 지금까지 저 사람들이 무엇인가 할 줄 안다는 것은 그 것이 옳고 옳지 않고로 따질 수 있는 대상이 아니잖아. 다양한 정 도의 차이가 인정되는 것일 뿐이지. '어떤 사람에 대해서 안다', 라든지 '뛰어난 능력을 가진 사람'이라든지, 뭐 그런 건 '친숙지 식'이나 '능력지식'으로 볼 수 있지만, 그걸로 지식인이라고 할 수는 없잖아. 이런 것들은 직접적인 익힘에 근거한 지식이라고 할 수 있어. 지식의 두드러진 특성은 직접 경험을 필요로 하기 때문 이지. 따라서 앎의 정도 혹은 수준의 차이가 있을 수 있겠지?"

송희는 양희 언니의 말을 통해서 '안다'라는 개념이 곧 '지식'은 아니라는 것을 이해하게 되었습니다.

"그래서 지식이라고 판단할 수 있는 근거가 없다는 거야?"

송희는 양희 언니에게 그렇게 묻고서는 곧 텔레비전으로 시선을 옮겼습니다. 언니와 이야기를 나누는 동안 퀴즈를 푸는 참가자들 사이에 점수 차가 나기 시작했습니다.

"우와, 저 사람은 정말 똑똑한가 보다. 지금까지 한 문제도 틀리지 않았어."

3개 국어로 자기소개를 했던 사람이 한 문제도 틀리지 않아 1등을 하고 있었습니다.

"그렇구나. 저 사람이 지식이 많다고 볼 수 있겠다."

송희는 언니를 쳐다보았습니다. 그건 당연한 것이었습니다. 문제를 잘 맞혀 점수가 높으니 당연히 지식이 많은 사람이겠지요. 그러나 왜 그런지 설명을 듣고 싶었습니다.

"우리가 지식을 판단하는 근거는 어떠한 대상의 성격이 아니라, 참과 거짓이 분명히 가려지는 내용에 대한 앎, 다시 말해서 참인지 거짓인지 분간이 가능한 정보를 담은 것에 대한 앎이라고 할 수 있어. 그러니까 정답이 있는 문제를 잘 푸는 사람을 지식인이라고 할 수 있는 거야. 그러니까 지식이란 옳고 그름을 따질 수 있는 것이 그 대상이 될 수 있다는 말이지."

"거참, 설명 거창하게 하시네! 나도 문제를 잘 맞히는 사람이 지식이 더 많다는 것쯤은 알고 있었다고! 뭐."

　처음에 송희는 　안다는 것 자체가 지식이라고 생각했습니다. 그러나 '안다는 것'이 이렇게 다양할 줄은 언니의 설명을 듣고서야 알았습니다. 그렇지만, 어쨌든 지식이란 이렇게 퀴즈 문제를 잘 푸는 것에 있다는 것을 모르는 사람이 있을까요? 그러니까 나름대로 지식을 쌓기 위해서 이런 프로그램을 보게 되는 것이고요.

2 내가 맞혔어, 진리 조건!

"자, 그러면 다음 문제입니다. 다음 중 올림픽 금메달 수상자는
누구일까요?"

제시문이 자막으로 뜨며 성우가 문제를 말했습니다.

"김연아, 김수녕, 임춘애, 현정화……."

송희가 말했습니다.

"김수녕과 현정화!"

문제를 푸는 참가자가 김수녕과 임춘애라고 대답했습니다. 송희

도 무엇이 답인지 잠시 헷갈렸습니다.

"임춘애도 마라톤에서 메달을 딴 것 같은데……."

송희는 혼잣말을 했습니다.

"네, 틀렸습니다. 다음 참가자."

진행자가 말했습니다.

"김수녕과 현정화라니까!"

송희가 다시 한 번 소리쳤습니다.

두 번째 참가자가 '김수녕과 현정화'라고 대답했습니다.

"네. 정답입니다!"

"거봐! 맞잖아."

송희는 신이 나서 손뼉을 쳤습니다.

"언니도 몰랐지? 대학교에 다니는 언니보다 내가 더 많이 알고 있지? 역시 난 똑똑해. 히히."

송희는 의기양양했습니다.

"그럼, 어째서 임춘애는 답이 아닌 줄 알아? 혹시 찍은 거 아니야?"

양희 언니가 송희를 의심하는 눈초리로 쳐다보았습니다.

"뭐, 그게 중요해? 답을 맞힌 것이 중요하지. 내가 원래 좀 똑똑하거든. 히히."

"넌 답을 맞힌 게 아니야!"

양희 언니가 말했습니다.

"뭐? 지금 보고도 몰라. 내 답이 맞대잖아!"

송희는 흥분해서 말했습니다. 뻔히 정답을 들어 놓고도 자신이 답을 맞힌 게 아니라고 말하는 양희 언니가 이상했습니다.

"예, 첫 번째 참가자는 아시안 게임과 올림픽을 혼동하셨나 본데요. 임춘애는 아시안 게임 메달 수상자였습니다."

그때 진행자가 임춘애가 왜 오답인지 설명을 했습니다. 송희는 그제야 고개를 끄덕였습니다.

"임춘애는 아시안 게임 메달 수상자였구나? 어쨌든 메달을 땄다는 것 때문에 헷갈렸지만, 그래도 답은 맞혔잖아."

송희는 양희 언니에게 말했습니다.

"넌 정답의 배경 지식을 확실하게 모르고 정답을 맞혔어. 그건 진짜 지식이 아니야. 그러니까 정확하게 말하면 이런 퀴즈 프로그램은 진짜 지식을 겨루는 게임이 아니라 답 맞추기 게임일 뿐이지. 아까 내가 지식에 대한 설명을 하면서 진위판정이 가능한 정보를 담은 주장에 대해 말했지? 그걸 명제라고 해. 명제지식이 성

립하기 위해서는 세 가지 기본 조건을 만족해야 해."

양희 언니의 설명은 점점 더 복잡해지기 시작했습니다. 송희는 어리둥절해서 언니를 물끄러미 쳐다보았습니다.

"다시 말해서 아무 정보나 다 지식이 되진 않아. 지식이 성립하기 위해서는 여러 가지 조건이 필요해 그 중에 '진리 조건'이라는 것이 있어."

"진리 조건?"

송희는 양희 언니의 말에 되물었습니다.

"간단히 설명하면, '지식의 대상이 되는 정보 자체가 참인 명제여야 한다.'는 조건이야. 예를 들어서 너 〈진실게임〉 알지? '다음 출연자 중 진짜는 누구일까요?', 하면서 독특한 정보를 가진 사람들이 나오잖아. 거짓 정보와 참인 정보를 섞어서 참인 정보를 찾는 프로그램인데 그게 바로 진리 조건을 충족시키는 출연자를 가려내는 게임이라고 할 수 있지. 그 프로그램에서 진짜를 찾아냈다고 해서 지식이 있다고 할 수 없는 것처럼 진리 조건만으로는 지식이 될 수 없다는 얘기야."

양희 언니의 설명에 송희도 고개를 끄덕였습니다. 〈대한민국 퀴즈 달인〉과 달리 〈진실게임〉에서 진짜 출연자를 찾았다고 지식이 있다고 할 수는 없는 얘기니까요. 그것 또한 너무 당연한 것 아닌 가요? 송희는 양희 언니가 자신을 어린애 취급하는 것 같아 조금은 짜증이 났습니다.

"뭐, 내가 진리 조건이니 뭐니 그런 건 몰라도 어떤 프로그램이 지식을 주는 것인지는 안다, 뭐."

"또 다른 예를 들어 볼게. 자, 내 설명을 잘 들어 봐. 1번, 호주의 수도는 시드니이다. 2번, 호주의 수도는 캔버라이다."

송희는 언니의 말을 듣고 답을 맞혀 보려고 했지만, 정확하게 알지 못했습니다. 송희는 호주의 수도로 시드니가 맞는 것 같기도 하고 아닌 것도 같았거든요. 시드니가 많이 들어본 도시이고 또 큰 도시이니 호주의 수도 같기는 했지만, 정말 수도인지는 정확히 몰랐습니다. 일본 사람들이 종종 '대한민국의 수도는 부산'이라고 대답한다는 말을 듣고 송희는 참 무식한 일본 사람들! 이라고 생각한 적이 있었거든요. 송희는 답을 정확하게 모르니 둘 중에 하나를 찍을 수밖에 없는데 일본 사람들의 경우를 예로 들더라도 2번 캔버라가 오히려 정답이지 않을까요?

"2번 호주의 수도는 캔버라이다, 이게 답인 것 같은데……."

송희는 자신이 없어 작게 대답했습니다.

"맞아, 1번은 거짓된 정보야. 진리 조건을 만족하지 못하기 때문에 아예 지식의 대상이 될 수 없어. 따라서 누구라도 '시드니가 호주의 수도임을 안다' 고 하는 것은 불가능하겠지? 즉, '시드니는 호주의 수도' 라는 지식은 아예 성립하지 못하지. 반면에 2번은 참인 정보야. 진리 조건을 만족하기 때문에 분명 지식의 대상이 될 수 있어. 따라서 어떤 사람이 '나는 캔버라가 호주의 수도임을 안다' 라고 주장하는 것은 가능해. 다시 말해 '캔버라는 호주의 수도' 라는 지식이 가능한 거지."

송희는 양희 언니의 설명을 건성으로 듣고 기분이 좋아졌습니다. 왜냐하면, 또 문제를 맞혔기 때문이었습니다.

"아싸! 또 맞혔다. 나 정말 많이 알지? 히히."

"그렇지만 아직 '캔버라가 호주의 수도' 가 참이라는 사실을 알고 있는 사람이라도 그 지식을 가졌다고 할 수는 없어. 이제 겨우 지식의 첫 번째 조건을 만족한 것이니까 '안다' 라고 말하기엔 너무 이르지. 송희야, 넌 캔버라가 호주의 수도임을 알았니?"

양희 언니의 말에 송희는 양심이 뜨끔했습니다. 사실 둘 중에 하나가 정답일 테니 그냥 콕 찍은 것이었으니까요. 송희가 그런 지식을 가지고 있다고, 안다고 말하기엔……

"뭐, 그러니까……, 어쨌든 답은 맞혔잖아?"

"하하하!"

양희 언니는 뭔가 눈치를 챈 듯 웃었습니다. 송희는 괜히 얼굴이 붉어졌습니다. 양희 언니가 자신의 속마음을 읽은 것만 같았습니다.

"왜 웃어? 그것도 기분 나쁘게! 그냥 지식이면 지식이지 또 뭐가 그렇게 복잡해? 대체 누가 그런 걸 다 만들어 놨어?"

3 전방위 지식인, 러셀

"러셀! 버트란트 러셀!"

양희 언니가 말했습니다.

"아하, 러셀! 나 알아, 러셀! 아니…….. 안다기 보다는 그
냥……. 이름은 들어 봤지."

송희는 자신만만하게 말했다가 말꼬리를 흐렸습니다. 또 안다고
말했다가 언니가 또 진짜 지식이 어쩌고저쩌고 할까봐 그랬지요.
양희 언니는 수학을 좋아해서 수학과에 진학했는데, 거기서 러셀

에 대해 알게 되었다고 했습니다. 러셀은 영국 명문 귀족 출신의 수학자이자 철학자라고 했습니다. 양희 언니에게 러셀이라는 이름을 처음 들었을 때 가장 인상 깊었던 일화가 생각났습니다.

"언니가 지난 번에 말해 줬던 수학자 러셀 말하는 거 맞잖아. 인생의 행복에 대해서 잘 모르던 어린 시절에 러셀이 죽고 싶었던 적이 있었는데, 자살을 포기한 이유가 바로 수학을 더 공부하고 싶어서였다고 했지? 언니한테 그 얘기 듣고 내가 얼마나 큰 충격을 받았는지 알아? 세상에! 수학이 더 공부하고 싶어서 죽지 못하겠다는 사람이 있단 말이야? 공부가 그렇게 좋을까?"

송희는 또 한 번 입을 다물지 못했습니다. 아무리 생각해도 정말 대단한 사람인 것 같았습니다.

"그래, 러셀은 네 말대로 수학자였지. 하지만 논리학자, 철학자, 사회 사상가, 문필가라는 호칭이 붙을 만큼 전방위 지식인이라고 할 수 있어. 수학으로 시작해서 철학에 오래 머물다가 문학으로 마감하며 노벨 문학상까지 수상했거든."

"정말 대단한 사람이야! 하나도 어려운데 도대체 몇 가지를 공부한 거야? 어쨌든, 그 러셀이 지식의 조건을 말했다는 거지? 왜 그렇게 지식을 복잡하게 만들었을까?"

송희는 러셀이라는 사람이 존경스러우면서도 어리석다는 생각을 잠깐 했습니다. 인생을 좀 쉽게 살면 어디가 어때서 그렇게 복잡하게 사는 것인지. 지식이 많다는 건 복잡하다는 것과 같은 의미처럼 느껴졌습니다.

"복잡하게 만든 것이 아니라 정확하게 만든 거지!"

양희 언니의 말에 송희는 알다가도 모르겠다는 표정을 지었습니다. 그러자 양희 언니가 설명을 계속했습니다.

"철학의 의미도 같은 거야. 세계와 인간을 이해하는 것이 모든 학문의 목표라고 한다면, 이런 물음을 체계적이고 원리적으로 전개하는 학문이 바로 철학이라고 할 수 있어. 따라서 철학은 세계와 인간에 대한 물음을 통해 지식의 폭을 넓히고 좀 더 바람직한 세계와 인간 사회에 대한 비전을 제시하는 거야. 마찬가지로 러셀이 지식에 대한 체계적이고 원리적인 이론을 제시함으로써 지식이란 무엇인가에 대해 의미를 확실하게 했으니 우리가 참지식을 얻기 위해 노력하고 발전해 나갈 수 있지 않겠니?"

양희 언니는 마치 철학자처럼 말했습니다.

"오호! 언니가 철학자 같은데? 조금 어렵긴 하지만, 뭐 인간이 바람직하게 살기 위해 비전을 제시한다니 나쁘진 않은 것 같네.

언니가 전에 그랬잖아. 러셀이 '바쁘게 사는 것보다 게으르게 사는 게 더 좋은 거'라고 말했다고. 그래서 내가 평소에 게으름 부리고 뒤늦게 벼락치기 공부하는 거야. 난 더 좋은 거라고."

"얘가 지금 무슨 말을 하는 거야? 러셀은 그런 뜻으로 말한 게 아니거든요~. 왜 마음대로 해석하니?"

"아니긴 뭐가 아니야. 러셀이 게으름을 찬양한다고 그랬다며? 책도 있잖아. 그게 그거지, 아니긴."

송희는 언니의 책상 위에 있던 책을 떠올렸습니다. 게으름을 찬양한다는 책이었는데, 송희가 내용을 읽어 보지는 않았어요. 그래서 제목 그대로 '게으름을 피우자'라는 메시지를 담은 책이라고 생각한 거죠. 하지만 언니가 말한 것은 조금 달랐습니다.

"넌 아직 어려서 읽어도 이해하지 못하는 건가? 어렵지 않은 내용인데……. 러셀은 '게으름을 피우자'라고 한 것이 아니야. 너도 수업 시간에 배워서 알겠지만 현대인들이 바쁘게 살아간다고 하잖아. 일에 대한 스트레스와 강박관념에 쫓기듯이 살아가고, 많이 일하는 것이 더 좋은 거라고 착각하고 있어. 하루하루가 어떻게 지나갔는지 알지 못해. 러셀은 여기에서 문제점을 찾아낸 거야. 일을 열심히 해야 한다는 압박에서 벗어나 여유와 여가가 필요하다는 거지. 그래야 인간은 진정한 자유를 얻고, 자신의 주체성을 찾을 수 있다고 보는 거지."

송희는 러셀의 주장이 자신이 생각했던 게으름과 많이 다른 것을 알았습니다. 송희가 생각한 모습은 학원도 가지 않는 주말, 거실 소파에 누워 과자를 먹으면서 텔레비전을 보는 모습이었거든요. 그런데 그런 걸 여유와 여가라고 하기에는 부끄러웠습니다.

"언니, 그럼 이런 거야? 지금 우리나라 법에 정해진 근무 시간이 하루 8시간이잖아. 근무 시간을 줄여 여가 시간을 늘이고, 정체성을 찾을 수 있는 뭔가를 해야 한다는 그런 말인 거지?"

근무 시간이 줄어들면, 송희의 선생님 수업 시간도 줄어든다는 말이겠죠. 그럼 학교에서 공부하는 시간이 줄어드는 것 같아 송희가 기뻐하며 말했습니다.

"러셀이 비슷한 얘기를 했어. 하루에 4시간씩 일하면 모든 사람들에게 일자리가 생길 것이고, 그러면 실업자는 없어지는 거야. 남는 시간은 교육을 받는 등 여가시간을 적절하게 보낼 수 있도록 해야지. 그렇다고 네가 학교에서 공부를 적게 하는 거라고 할 수는 없어. 너는 학교에서 근무하는 게 아니고 배우는 거니까."

송희는 언니에게 메롱~하고 웃었습니다.

4 안다는 건 힘들어~

"그런데 언니, 언제부터 철학에 대해서 그렇게 많이 알았어?"

송희는 양희 언니가 부럽기도 했습니다. 대학생이니까 당연히 초등학생보다는 많이 알고 있었겠지만, 수학과에 다니는 언니가 어떻게 철학까지 알게 되었을까요?

"너도 알다시피 이 언니가 수학을 좋아해서 수학과에 왔잖아. 거기서 러셀을 알게 되었어. 러셀을 알다보니 존경하게 되었고 존경하다 보니 러셀처럼 되고 싶었지. 그런데 내가 러셀처럼 되기엔 아주 많은 공부가 필요하더라고. 특히 철학을 모르고서는 다른 학문에 접근하는 것이 어렵다는 것도 알게 되었고. 그래서 지난 학기부터 철학과 수업을 듣고 있어. 복수 전공을 하는 셈이지."

"우와, 우리 언니 정말 대단한데? 언제부터 그렇게 공부에 관심이 많으셨나? 언니는 만날 친구들하고 놀러 다니는 줄만 알았는데? 히히."

"나도 내가 철학에 관심이 있는 줄은 몰랐어. 다만 러셀을 존경하다 보니 저절로 관심을 갖게 된 거지. 관심을 갖게 되면 공부도 재미있어지더라고."

양희 언니는 쑥스러운 듯 살짝 미소를 지었습니다.

"그럼, 나도 언니 덕에 공부 좀 해 볼까? 좀 간단하게 설명해 봐. 대체 러셀이 지식에 대해 어떻게 정리했는지 요약해서 말해달라고. 지금 나의 지적 호기심이 발동했는데, 너무 길고 어렵게 설명하면 그 호기심이 사라져 버린다고. 내 지적 호기심 배터리가 그리 많이 남아 있지 않거든."

송희의 말이 재미있다는 듯 양희 언니가 웃었습니다.

"호호, 그래. 간단하게 말해서 러셀은 일단 앎에도 여러 가지가 있다고 했는데 그건 크게 두 가지로 나뉘어져. 바로 '직접지'와

'기술지'로 말이지."

"직접지, 기술지? 무슨 말이야? 어려워……."

언니의 말이 송희에게는 어렵게 다가왔습니다. 그러자 언니는 예를 들어 천천히 설명해 주었습니다.

"잘 들어봐~. 음…… 뭐라고 할까? 아! 그래. '송희는 집에서 서울역까지 가는 길을 안다'라고 할 때 '안다'는 어떤 특별한 능력을 가지고 있는 거야. 물론 필요할 때 활용할 수 있는 거지."

"특별한 능력이고, 필요할 때 활용할 수 있는 것? '나는 케이크를 만들 줄 안다', 뭐 이런 거야?"

"그렇지. 그리고 또……. '송희는 미영이와 선주를 안다', 라고 했을 때는 미영이와 선주에 대한 익숙함이 포함되어 있는 거야. 누군가에게 네 친구 미영이와 선주를 소개시켜 줄 수 있으며, 친숙하다는 뜻이지. 그런데 '물이 끓는점은 100℃라는 것을 나는 안다'라고 할 때 '안다'는 어떤 정보를 파악하고 있다는 뜻이야. 사실인지 거짓인지 엄밀하게 따질 수 있는 지식이지."

"아……."

양희 언니의 말에 송희는 고개를 끄덕였습니다. 양희 언니는 계속 설명해 주었습니다.

"그러니까 어디 가는 길을 '안다', 누구를 '안다' 이런 것을 직접지라고 하고, '물의 끓는점이 100℃라는 것을 안다'는 기술지라고 하는 거야."

"그러니까 언니 말은 '~이다', 라는 기술(記述)에 의한 지식은 '기술지'이고 직접 경험해서 알 수 있는 것은 '직접지'라고 한다는 거지?"

송희가 양희 언니의 설명을 좀 더 간단하게 정리했습니다.

"우리 송희 아주 똑똑한데?"

"당연하지, 내가 좀 똑똑하잖아."

양희 언니의 칭찬에 송희는 의기양양했습니다. 그런데 양희 언니가 그런 송희에게 제동을 걸었습니다.

"똑똑하다고 지식이 많은 건 아니야. 지식의 조건은 여러 가지가 있으니까!"

"또 뭐가 있는데?"

"아까도 말했지만, 지식에는 세 가지 조건이 필요해. 진리 조건, 승인 조건, 정당화 조건이 필요하지."

송희는 아까 양희 언니의 설명이 떠올랐습니다.

"진리 조건은 아까 설명했던 거 맞지? 진위판정을 거쳐 참으로 판정된 사실과 주장만이 진리 조건을 갖춘다고!"

"그래! 역시 우리 송희야. 내가 힘들게 설명한 보람이 있구나. 호호."

양희 언니는 뿌듯해 하며 웃었습니다.

"언니가 설명을 잘해서가 아니야. 내가 이해력이 빨라서 그런 거니까 너무 좋아하지 말라고."

"그래, 그래. 우리 송희가 다 잘나서 그렇지, 뭐."

"어? 또 비아냥거리네?"

송희가 양희 언니를 흘겨보았습니다.

"아니야, 아니야!"

양희 언니가 손사래를 쳤습니다.

"그럼, 두 가지 조건이 남았네? 승인 조건과 정당화 조건!"

"그래. 그렇지만, 그건 내일 얘기하는 게 어때?"

"왜? 아직 내 지식 호기심 배터리가 남았는데?"

"너 내일까지 시험 기간이라고 하지 않았니?"

"응."

"지금 시간이 많이 지난 것 같은데?"

양희 언니가 시계를 쳐다보자 송희도 따라 쳐다보았습니다. 집에 온지 벌써 3시간이나 지나 있었습니다.

"엄마야! 시간이 이렇게 지났는지 몰랐네? 어떡해~. 나 내일 시험 또 망쳤다."

송희가 울상을 지었습니다.

"우리 송희가 벼락치기 공부하니까 그렇지. 평소에 했으면 이렇게 바쁘실까?"

"됐어! 지금 누구 놀리는 거야?"

"아니야, 아니야! 얼른 들어가서 공부하시라고요. 나머지는 내일 시험이 끝나면 말해 주지. 나는 내일 시험이 없거든. 다음 주 월요일에 한 과목 남았어."

"뭐야? 내일이 금요일이니까 그 다음은 토요일, 그리고 그 다음은 일요일! 그럼 3일이나 놀다가 시험을 본단 말이야? 대학생이 왜 놀고 먹는 대학생인지 알겠다니까. 그렇게 시험을 띄엄띄엄 보니까 부담이 없지. 어쨌든 언니는 좋겠다. 나에게도 그렇게 시간이 있었다면, 시험을 더 잘 볼 텐데……. 언니는 이 초딩의 애로 사항을 모른다니까!"

송희는 대학생인 양희 언니가 너무나 부러웠습니다.

"어이구! 얼른 가서 시험 공부나 하셔. 너에게 3일이라는 시간이 주어진다 해도 송희 넌 시험 전날 벼락치기 공부할 걸? 내가 그걸 모를까 봐?"

"치, 뭐 언니가 그래? 동생을 놀리고 구박하고! 혹시 엄마 아빠가 언니 주워 온 거 아니야?"

송희는 약이 올라 되지도 않는 말을 했습니다.

"내가 언닌데, 날 주워 왔겠니? 주워 오면 널 주워 오지. 안 그래, 송희야?"

오히려 양희 언니가 공격을 해 왔습니다.

"뭐라고? 난 친딸 맞아! 딸인 언니가 있는데 하필이면 엄마 아빠가 또 딸을 주워 왔겠어? 아들을 주워 오지. 안 그래? 난 아니야! 언니를 주워 온 게 확실해!"

"또, 또…… 삼천포로 빠진다. 알았어, 알았으니까 얼른 공부나 하셔. 엄마 아빠 오시면 저녁 같이 먹어야지. 어제처럼 저녁 안 먹겠다고 또 시끄럽게 하기만 해 봐! 어제 엄마가 얼마나 속상해 하신 줄 알아?"

양희 언니의 말에 송희는 아무 대꾸도 하지 못했습니다. 시험공부 한다는 핑계로 저녁을 안 먹겠다고 엄마에게 소리를 지른 것이 송희도 못내 마음 쓰였기 때문이었습니다.

"알았다고!"

송희는 괜히 언니에게 소리 지르고 자기 방으로 들어갔습니다.

엄격한 의미에서 '안다'는 것은?

분명히 지식은 무언가를 아는 것입니다. 그래서 인식론은 앎에 관한 체계적 학문으로써 '앎에 관한 앎'이라 할 수 있지요. 그런데 우리가 안다고 주장하는 내용이 모두 엄격한 의미의 지식이 되는 것은 아닙니다. 일상적으로 쓰이는 '안다'라는 단어의 쓰임새는 그 종류가 무척 많지만 엄격한 지식이 되는 '앎'은 명확히 제한되어 있습니다. 다음 몇 가지 예문을 통해서 확인해보지요.

(1) 나는 무역센터 가는 길을 안다.

(2) 나는 원주율 π의 값을 소수 일곱째 자리까지 안다.(단순 기억력. 어떤 사람의 전화번호를 아는 것과 하등 차이가 없음)

(3) 나는 찬송가 피아노 반주를 할 줄 안다.

(4) 나는 서귀포시를 속속들이 안다.

(5) 나는 병만이를 안다.

(6) 나는 이몽룡과 성춘향에 관해서 잘 안다.

(7) 나는 뉴트리노가 정지질량이 0임을 안다.

(8) 나는 네가 말한 것이 옳다는 것을 안다.

(9) 나는 '어떤 뱀은 독이 있다'는 문장이 참임을 안다.

(10) 나는 $3 \times 3 + 3 = 12$임을 안다.

'안다'는 말이 사용되는 다양한 예들 가운데 일부입니다. 이들을 다시 유형별로 묶어 보면, (1)~(3)번의 앎은 어떤 형태의 특별한 능력을 가졌음을 뜻합니다. 필요할 때 활용할 수 있는 어떤 능력들이지요.

(4)~(6)번은 특히 익숙하다는 뜻이 포함되어 있는 앎입니다. 물론 여기서도 어떤 능력을 갖고 있음을 뜻하기도 합니다. 서귀포를 안다는 것은 서귀포라는 도시를 소개하거나 안내할 수 있는 능력이 있음을 뜻하기도 합니다. 하지만 서귀포라는 도시에 친숙하다는 뜻이 강하게 포함되어 있다는 점에서 처음의 (1)~(3)번 유형과는 구

별됩니다.

(7)~(10)번은 앎의 내용을 정보로 파악한다는 뜻입니다. 그 옳고 그름을 객관적으로 명확하게 따질 수 있는 앎이라는 특징이 있습니다. 러셀은 이 유형의 앎을 '기술지'라 하여 특별한 하나의 유형으로 여깁니다. (1)~(6)번처럼 직접 경험과 친숙으로 습득하게 되는 앎이라 하여 '직접지'라고 하였습니다. 물론 엄격한 의미의 지식이 되는 앎은 러셀이 '기술지'라 부르는 유형뿐입니다.

러셀이 말하는 기술지와 진리 조건

러셀이 말하는 기술지를 달리 표현하면 옳고 그름의 구별이 가능한 정보에 대한 앎입니다.

그럼 명제는 무엇이고, 진리는 무엇이냐고요? 앞의 (7)번 문장을 예로 들어볼게요.

'나는 뉴트리노가 정지질량이 0임을 안다.'라는 유형의 앎은, 그 알맹이 내용이 '뉴트리노는 정지질량이 0이다'라는 기술문장으로 표현 가능하므로 기술지예요. 이 기술문장은 옳고 그름의 판단이 가능한 정보이므로 명제이죠. 그리고 명제가 참이기 때문에 진리입니다. 오직 이런 진리에 대한 앎만이 엄격한 지식의 첫째 조건인 진리 조건을 충족하고 있는 지식입니다.

이 장 본문에서 송희가 진리 조건에 대한 언니의 친절한 설명에 짜증을 내는 장면이 있어요. 송희는 왜 짜증을 내나요? 얼핏 보기에 너무나 당연한 것을 따진다고 생각하기 때문이에요. 진리 조건은 굳이 강조할 조건으로 내걸 필요가 없어 보이는데 말이죠. 송희는 왜 그런 생각을 할까요? 그 이유는 학교에서 선생님이 가르쳐 주시는 학습 내용은 진리로 판명된 것들로만 이루어져 있기 때문이에요. 그래서 우리가 학교에서 배우는 내용들은 잘 기억하기만 하면 그것은 당연히 진리 조건을 충족하는 지식이 되며, 단순 암기에 의한 공부를 하더라도 학교 시험에서 그런대로 통하는 것도 같은 이유에서입니다.

하지만 과거에 천동설을 믿었던 예를 생각해 보세요. '지구는 태양 주위를 공전하는 행성이다.'라는 지동설을 주장하는 지식이 진리 조건을 충족하는 기술지임에도 불구하고 당시에는 당연한 진리가 아니었습니다. 이처럼 진리 조건은 새로운 지식이나 기존 지식의 수정이 요구될 때 심각하게 검토되곤 합니다. 진리로 판명된 것을 배우는 학생들에게는 진리 조건은 심각한 조건이 아닙니다. 하지만 어떤 주장의 참과 거짓을 알아내고 지식을 탐구하는 과학자에게는 매우 중요하고 심각한 조건이 됩니다.

아직도 진짜 지식이 아니야

 이해하고 있지 않은 것은 지식을 소유하고 있는 것이 아니다.

― 괴테

1 송희와 미영의 맞불

벼락치기 공부를 하느라 잠을 제대로 자지 못한 송희는 시험 시간 내내 졸음이 쏟아지고 눈이 무거워서 혼이 났습니다. 겨우 몽롱한 정신을 차려서 시험을 보긴 했지만 완전히 망친 것 같았습니다. 미리 공부를 좀 해둘 걸, 하는 후회가 밀려왔지만 이미 때는 늦었다는 걸 송희도 알았습니다.

"시험 완전히 망쳤어! 이럴 줄 알았으면 미리 공부를 하는 건데……. 정말 땅을 치고 싶을 만큼 후회가 돼. 어떡해!"

송희가 땅을 치는 대신 자신의 가슴을 치며 말했습니다.

"그러니까, 내가 뭐랬니? 평소에 공부를 좀 하랬더니, 너는 똑똑하니까 벼락치기로 공부해도 잘 할 수 있다며? 네 말대로 운이 좋아 결과가 또 좋을지 어떻게 알아? 그러면 다행이지만, 그게 정말 공부를 잘하는 건 아니겠지만."

미영이의 말에 송희가 화를 버럭 냈습니다.

"너 지금 불난 집에 부채질 하니? 어제부터 왜 자꾸 나한테 트집이야? 너 잘났으니까 그만하면 됐어!"

송희가 고개를 팩 돌렸습니다.

"정말, 너희들 왜 그래. 다들 시험 보느라 예민해져서 그러는데……. 송희 네가 이해해. 시험은 나도 망친 것 같아. 그리고 미영이 너도 그렇게 말하지 마."

선주가 송희와 미영이 사이에서 어쩔 줄 몰라 했습니다.

"내가 뭘? 나도 너희를 친구로 생각하니까 이렇게 말하는 거지. 평소에 꾸준히 공부해서 좋은 결과가 나오면 좋은 거 아냐? 나도 너희가 잘되길 바라는 마음에서 충고도 하는 거야. 옛말에 좋은 약은 입에 쓴 법이라고 했어. 너무 나쁘게 듣지 않았으면 좋겠어. 송희 널 미워하거나 무시해서 하는 말이 아니야. 모두 다 같이 시

험을 잘 봤으면 하는 마음에서 하는 거라고."

미영이의 말에도 송희는 화가 조금도 누그러들지 않았습니다.

"나는 네 말이 모두 잘난 척으로밖에 들리지 않아!"

"송희야, 그건 네 오해야. 미영이도 네가 시험을 잘 봤으면 하는 마음에서 하는 말이라고 하잖아."

선주가 송희의 어깨를 도닥였습니다.

"선주 네가 무슨 천사니? 너는 화가 나지 않아? 지금 미영이는 시험을 잘 봤으니까 저렇게 말하는 거라고. 너랑 나를 무시해서 말이지."

송희는 미영이를 째려보았습니다.

"송희야, 정말 너하곤 말이 안 통하는구나? 어떻게 말을 그렇게 해? 내가 공부를 잘한다고 해서 너희를 무시했다면 난 너희와 단짝 친구로 지내지도 않았을 거야. 그리고 우리 셋이 같이 쓰는 비밀 일기 같은 것도 안 썼을 거고."

미영이와 선주, 그리고 송희는 비밀 일기를 나누어 쓰고 있었습니다. 서로의 속마음을 좀 더 이해하기 위해서였지요. 누가 공부를 잘하고 못하고를 떠나서 각자가 가지고 있는 고민을 함께 들어주고 해결하기 위해 노력했고 또 그런 마음을 나누어 가지는 사이였습니다.

"그래도 어제부터 네 말과 행동은 그렇지 않았어. 벼락치기 공부를 한다는 둥, 공부하는 방법이 틀렸다는 둥, 그리고 선생님의 성격을 파악하지 못한다는 둥, 너 잘난 얘기만 했잖아?"

송희는 미영이의 말은 들으려고 하지도 않았습니다.

"그거야, 난 좀 더 효율적으로 공부를 잘하는 방법을 말한 것뿐이라고."

"됐어! 난 더 할 말 없으니까 가 볼게!"

송희는 미영이의 말을 끊어 버리고 가방을 들고 일어섰습니다.

"송희야! 오늘 시험도 끝났는데 짱이네 분식집에 갔다가 놀러가는 건 어때?"

선주가 송희의 등 뒤에서 말했습니다. 송희는 들은 체 만 체 하고 가 버렸습니다. 선주와 미영이는 그런 송희를 우두커니 바라만 보았습니다.

송희는 집에 오는 내내 마음이 무거웠습니다. 송희도 미영이의 말뜻을 이해 못하는 것은 아니었습니다. 정말로 미영이가 잘난 척을 하기 위해서였다면 자신이 시험을 잘 보았다는 말을 했겠지요. 그것이 아니라는 걸 송희도 알고 있었지만, 시험을 잘 보지 못한 자신에게 화가 난 것이 미영에게 쏟아져 나간 것이었습니다. 게다가 미영이는 유난을 떨며 공부하거나 학원을 다니는 것도 아니었습니다. 스스로 학습 계획을 짜고 실천하는 모범적인 친구여서 늘 부러웠습니다. 그런 미영이가 친구라는 것이 자랑스럽기까지 했고요. 그렇지만, 자신이 벼락치기 공부를 해서 시험을 망쳤다고 생각하니 미영이의 그 어떤 말도 모두 잘난 척으로밖에 들리지 않았습니다.

시험이 끝나면 으레 송희와 친구들은 짱이네 분식집에서 배부르게 먹고 쇼핑센터로 나가 쇼핑을 했습니다. 아이들의 관심은 문구 용품이었습니다. 예쁘고 앙증맞은 문구들을 파는 쇼핑센터에서 볼펜이나 메모지를 사기도 했고, 서로 돈을 모아 비밀 일기장을 사기도 했습니다. 용돈을 많이 받은 날에는 자기 것뿐만 아니라 친구에게 줄 작은 선물을 사기도 했었습니다. 자신이 갖는 것보다 친구가 받고 좋아할 것을 생각하면서 말이지요. 게다가 시험도 끝나고 내일은 학교에 가지 않는 토요일이니 마음껏 놀 수 있었는데……. 송희는 아쉬운 마음이 들었습니다. 그렇지만 자꾸 미영이의 말이 생각나서 화가 났습니다. 오늘은 친구들과 놀 기분이 아니었습니다.

2 승인 조건과 정당화 조건

송희는 어깨가 축 처져 집으로 돌아왔습니다. 직장에 다니시는 엄마와 아빠는 아직 퇴근하실 시간이 아니니 당연히 집에 계시지 않으셨습니다. 그러나 양희 언니가 있을 거라는 생각에 열쇠로 문을 여는 대신 벨을 눌렀습니다.

"어머, 송희 왔구나? 그래, 시험은 잘 봤니?"

양희 언니의 말에 송희는 대꾸도 하지 않았습니다.

"나한테 시험 얘기는 하지 말아 줘. 미영이 말대로 벼락치기 공부로 무슨 시험을 잘 봤겠어?"

"왜? 또 미영이랑 싸웠니?"

"싸운 게 아니라니까! 언니는 왜 만날 싸웠냐고 그래? 몰라! 어쨌든 시험 얘기는 하지 마."

송희는 목소리에 힘이 하나도 없었습니다.

"시험 얘기는 안할 테니 미영이 얘기는 좀 해도 되겠니?"

언니의 말에 송희가 째려보았습니다.

"널 화나게 하려는 게 아니니까 도끼눈 뜨지 말고. 호호. 미영이가 시험 결과가 같더라도 공부를 잘하는 것이 아니라고 말했던 건……."

언니는 어제 송희가 미영이와 있었던 이야기를 꺼내는 모양이었습니다.

"미영이의 말은 어제 내가 말했던 지식의 성립 조건에 비추어 보면 같은 맥락인 것 같아."

송희는 눈이 번쩍 뜨였습니다. 미영이의 말이 지식의 성립 조건과 무슨 상관이 있다는 이야기일까요? 송희는 미영이가 알미웠지만 어제 양희 언니에게 들었던 러셀의 지식 이야기가 미영이의 말과 이어진다는 사실은 흥미로웠습니다.

"도대체 어떻게 해서 미영이의 공부 이야기가 러셀의 지식 이야기와 같은 맥락이라는 거야?"

송희의 물음에 양희 언니는 웃었습니다. 송희가 관심을 보이는 걸로 봐서 이야기가 술술 잘 풀릴 것 같았습니다.

"송희 네가 시험을 보면서 답의 옳고 그름을 맞힌 것은 진리 조건을 충족시켰어. 그렇지만 어째서 답인지에 대한 배경 지식이 없다면 그것은 승인 조건을 충족 시키지 못한 거야. 송희 네가 벼락치기 공부로 시험을 잘 봤다고 하자. 그것으로 넌 진리 조건을 갖춘 셈이겠지. 그렇지만 시험에서 맞힌 답을 모두 알고 맞혔니?"

그건 아니었습니다. 송희가 확실히 아는 문제도 있었지만, 얼떨결에 맞힌 문제도 있었기 때문이었습니다.

"지식의 첫 번째 조건인 진리 조건을 만족하는 정보를 갖고 있다고 하더라도 아직은 그것을 '안다' 즉, 지식을 가졌다고 할 수는 없어. 두 번째 조건인 '주어진 정보에 대한 확신' 즉 정보의 내용을 받아들여야 하는 과정이 남았지. 너는 어제 〈대한민국 퀴즈 달인〉을 보면서 임춘애가 아시안 게임 금메달 수상자 였다는 사실을 몰랐지만, 어쨌든 답을 맞혔잖아? 그렇게 보통 퀴즈 문제에서는 답을 맞히기만 하면 '아는 것'과 동등한 효력을 갖지. 앞사람이 문제를 틀려서 다음 사람이 대충 오답을 피해 어쩌다 문제를 맞혔다고 해도 그 사람이 분명히 그 문제를 알고 대답한 것이 아니기 때문에 답을 안다고는 말할 수 없는 거야. 왜냐하면 진리 조건은 충족했지만, 승인 조건을 충족하지 못했기 때문이야."

"그럼 문제의 답에 대한 확신이 바로 승인 조건이라는 거지?"

"그렇지."

송희는 양희 언니의 말을 듣고 '안다' 라는 것과 '답을 맞힌다' 는 것의 차이를 이해하게 되었습니다. 양희 언니 말대로라면 당연히 답을 맞추고도 그 답을 알았다고 할 수는 없는 문제가 있다는 말이었지요. 그러고 보니 어제 양희 언니가 낸 문제도 마찬가지입니다. 송희가 우연히 호주의 수도를 맞힌 문제 말입니다.

"어제 내가 호주의 수도에 관한 문제를 냈지?"

양희 언니는 송희의 마음속을 들어갔다 나온 양 그렇게 말해 송희는 뜨끔했습니다.

"송희 네가 정말 그 문제를 알았는지에 대해서는 묻지 않을게. 마음속으로 승인 조건에 대해서만 생각해 봐. 어떤 사람이 그 문제를 듣고 답을 맞혔어. 그 사람은 호주의 수도가 멜버른이라고 생각했어. 그런데 문제에는 멜버른이 나오지 않았어. 그렇지만 호주의 수도가 시드니가 아니라는 사실은 알고 있었지. 그래서 호주의 수도는 캔버라이다, 라고 말했어. 그래서 답을 맞힌 거지. 어때? 그 사람은 호주의 수도에 대해 알고 있었니?"

송희는 고개를 살짝 저었습니다.

"그래, 그 사람은 지식의 첫 번째 조건인 진리 조건을 만족했지만 두 번째 조건인 승인 조건은 만족하지 못했어. 따라서 그 사람은 호주의 수도가 캔버라임을 알지 못했으니까 지식을 갖고 있지 않는다는 거야. 답을 맞혔다고 해도 말이야. 미영이가 말한 것도 이와 같은 조건에 비추어 보면 이해가 되지 않을까?"

"……."

송희는 어떤 말도 하지 못했습니다. 시험 결과는 같다 하더라도 정말 공부를 잘하고 못하고의 차이를 알 것 같았습니다. 설사 송희가 답을 더 많이 맞혀 시험을 더 잘 보고, 미영이가 답을 덜 맞혀 시험을 더 못 봤다고 해서 자신이 더 많이 알고 공부를 잘한다고 할 수는 없을 것 같았습니다. 송희는 자기 스스로 벼락치기 공부를 해서 운이 좋아 시험을 잘 보는 거라고 말해 왔고, 또 그것이 사실이었으니까요. 송희는 진짜 지식에 대해, 진짜 공부를 잘하는 것에 대해 뭔가 알 것만 같았습니다.

"그럼, 지식의 세 번째 조건은 뭐야?"

송희는 아직 지식의 조건 중 한 가지가 더 있다는 사실이 궁금했습니다.

"마지막으로, 명제지식 성립의 세 조건 가운데 나머지 한 조건은 바로 정당화 조건이야. 이것은 승인 조건과 더불어 바른 정보의 수용에 관한 또 하나의 조건이지. 승인 조건과 정당화 조건은 바른 정보를 알고 있다는 것만으로 성립하는 것이 아니라, 그것을 받아들이는 사람 즉 정보 수용자의 생각과 결합된 상태로 성립하는 걸 말해."

"알겠어, 그러니까 빨리 정당화 조건에 대해 설명해 봐."

송희는 양희 언니를 다그쳤습니다.

"알았어. 왜 이렇게 서둘러? 시험도 끝나서 시간이 아주 많을 텐데? 송희의 지식 호기심 배터리가 오늘은 가득 충전됐나 보지? 호호."

양희 언니가 놀리듯 말했습니다.

"얼른!"

송희가 또 한 번 재촉했습니다.

"참인 정보에 대한 확신을 가지고 있더라도 아직은 지식이 아니야. 참인 정보에 대한 확신을 정당화까지 할 수 있을 때 비로소 그 정보를 '안다' 즉, 그 정보에 대한 지식을 가졌다고 할 수 있는 거야. 어떤 사람에게 바른 정보가 주어졌다고 생각해 봐. 이건 진리 조건을 충족했다는 거잖아. 그것을 확신하는 상태, 이것은 승인 조건을 충족시키는 거고. 그런 상태에 있다고 할지라도 바른 정보임을 확신하게 된 근거가 터무니없다면 그건 지식이 될 수 없는 거지."

양희 언니는 송희의 이해를 돕기 위해 퀴즈 프로그램을 재미있게 재구성해서 정당화 조건을 설명해 주기로 했습니다. 양희 언니의 능청맞은 연기에 송희는 웃음이 났습니다.

텔레비전 오락 프로에서 네 명의 출연자인 '김총민' '술비' '조형귀' '데키루 붐' 에게 인도의 수도를 알아맞히는 문제가 주어졌습니다. 답으로 예시된 도시들은 캘커타와 뉴델리로 압축되었습니다. 캘커타는 인도가 영국의 지배를 받던 시절 한때의 수도였습니다. 캘커타가 인도의 수도라고 말한 김총민이 탈락하고, 나머지 세 명은 뉴델리라고 답을 맞혀서 답을 '아는 사람' 으로서 점수를 얻었습니다. 그런데 눈치가 빠른 술비는 두 사람이나 답으로 말한 뉴델리가 그래도 확률적으로 나을 것 같아서 '아무런 확신 없이'

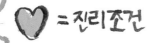
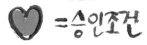

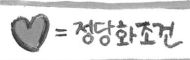

그냥 같은 답을 말한 것입니다. 따라서 술비의 경우 승인 조건을 만족하지 못하였으므로 답을 '아는' 것이 아닙니다. 그런데 조형 귀와 데키루 붐은 둘 다 확신에 차서 답을 맞혔습니다. 이에 사회 자인 김죄동은 두 사람이 보기보다 많은 지식을 가졌다며 정확히 답을 알고 있는지 확인해 보았습니다.

"크크크, 두 사람 솔직히 말해 보세요. 뉴델리가 인도의 수도라는 걸 그냥 찍어서 맞힌 거예요? 아니면 진짜로 알고 있었던 거예요?"

그러자 조형귀는 펄쩍 뛰면서 반박했습니다.

"뉴델리가 인도에서 가장 큰 도시잖아요!"

데키루 붐 역시 말했습니다.

"뉴델리가 인도 정부의 소재지거든요!"

이렇게 해서 데키루 붐은 인도의 수도가 뉴델리임을 제대로 알고 있었지만, 조형귀는 그릇된 근거로 정답을 확신하여, 정당화 조건을 만족 시키지 못해 답을 제대로 알고 있지 못한 것이 되었습니다. 즉 조형귀는 지식의 세 조건 가운데 진리 조건과 승인 조건은 만족하지만 정당화 조건을 만족하지 못하므로 인도의 수도는 뉴델리라는 지식을 갖지 못한 사람입니다. 왜냐하면 조형귀에 게는 미국의 수도가 워싱턴이 아니라 뉴욕이 되어야 하니까 말입니다.

양희 언니의 재미있는 설명에 송희는 결국 배꼽을 잡고 쓰러졌습니다. 연예인의 이름을 재미있게 표현한 것도 그렇지만, 실제로 연예인들처럼 성대모사를 하며 설명했기 때문이었습니다.

"그만 웃어."

양희 언니는 얼굴이 빨개졌습니다.

"히히히, 정말 언니 연예인 흉내 잘 낸다. 언제 그런 개인기를 만들었어? 덕분에 설명이 아주 쉽게 이해됐어."

송희는 여전히 배꼽을 잡고 웃었습니다.

"그만 웃으라니까, 네가 자꾸 웃으니까 창피하잖아."

"아니야, 너무 실감나게 잘해서 그런 거야. 놀리는 게 아니라고. 히히."

한참을 웃다 송희가 말했습니다.

"그런데 지식의 조건을 갖춘다는 것이 너무 어려운 것 같아. 특히 정당화 조건까지 모두 충족시켜야 지식이 된다는 것은 너무 까다로운 거 아냐?"

"얼핏 생각하기에는 지식이 성립하기 위해서 정당화 조건까지 요구하는 것은 지나치게 까다로운 것이 아닌가 싶어도, 이처럼 단편지식을 넘어 지식의 보편적 체계까지 성립 시키기 위해서는 정당화 조건이 결정적이면서 중요한 조건이 되지."

양희 언니는 단호하게 말했습니다.

"언니 말이 맞는 것 같아. 답을 안다고 해서 그것이 완전한 지식은 아닌 것 같아. 그것이 어떻게 답이 되는지, 어떤 이유에서인지 정확하게 모른다면, 정말 안다고, 참지식이라고 할 수 없겠지."

송희는 그렇게 말하고 나서 미영이의 말을 떠올렸습니다. 공부를 잘한다는 것은 단순히 시험을 잘 보는 것이 아닐 것입니다. 미영이 말대로 어떻게 공부를 할 것인지, 왜 답이 그것인지 정확하게 알지 못한다면 공부가 무슨 의미가 있을까요? 미영이는 단순히 송희가 시험 성적이 좋은 것뿐만 아니라 정말로 공부를 잘하는 똑똑한 친구가 되길 바랐는지도 몰랐습니다. 그런데 미영이의 마음도 헤아려 주지 못하고 무작정 화를 냈으니……. 송희는 부끄럽고 미안한 마음이 들었습니다. 어제 양희 언니가 승인 조건과 정당화 조건에 대한 설명을 미리 해 주었다면 이런 깨달음도 빨리 왔을 텐데, 하는 아쉬움이 컸습니다. 그러나 언니를 원망해도 소용없는 일이었습니다. 벼락치기 공부에 정신이 팔려 앞뒤 생각도 안하고 화부터 낸 사람은 바로 송희 자신이었으니까요.

진리와 지식의 차이는 쌀과 밥의 차이

 기본적으로 지식은 옳고 그름을 가릴 수 있는 '주장'을 담고 있어
요. 그 주장은 옳고 그름을 가릴 수 있는 것으로, '~이다' 꼴의 기술
문장으로 쓸 수 있죠. 이와 같은 문장을 '명제'라고 하는데, 참 혹은
거짓 둘 중 하나입니다. 진리 조건을 만족하는 참명제는 아직 '지식'
이 아니고 '진리'입니다. 우리가 공부하는 교과서에는 진리 즉 참인
정보가 담겨 있는 것들입니다. 다시 말해 교과서에 적혀 있는 것은
지식이 아니라 지식이 될 수 있는 알맹이 내용 즉 '진리'입니다. 지식
을 밥에 비유한다면 진리는 쌀에 해당합니다. 보통 쌀만 많이 있으면
밥 걱정을 하지 않아요. 많은 사람들은 믿음 없이 진리만 잔뜩 넣어
두면 지식을 많이 쌓은 것으로 생각합니다. 하지만 맛있는 밥을 짓기
위해서 쌀에 적당량의 물을 붓고 끓여야 하듯이, 엄격한 의미의 지식
을 얻기 위해서는 진리에 대한 '믿음'이 더해져야 합니다.

  그런데 새로운 진리를 처음으로 발견해야 하는 경우에는 가설이라 부르는 '진리 후보'를 먼저 믿고 내세워야 합니다. 또 진리를 수정해야 하는 경우에는 기존의 진리가 틀렸다고 의심하고 다른 믿음을 먼저 가져야 합니다.

  엄격한 의미의 지식은 알맹이 내용이 진리여야 할 뿐만 아니라, 그 진리에 대한 믿음까지 요구합니다. 이런 믿음의 요구를 지식 성립의 승인 조건이라 합니다. 진리를 진리로 인정하는 확실한 믿음 없이 건성으로 말하는 것은 엄격히 말해서 지식이 아니랍니다.

  밥을 지을 때 쌀을 끓이다가 불을 줄이고 뜸을 들이는 과정이 따로 있듯이, 엄격한 지식의 성립에도 또 하나의 조건을 충족해야 하는 과정이 남아 있습니다. 이 정보가 참이라는 확신을 할 수 있는 정당한 근거를 가졌을 때 비로소 그 정보를 안다, 즉 그 정보에 대한 지식을 가졌다고 할 수 있는 것입니다. 이런 세 번째 요구를 지식 성립의 정당화 조건이라 합니다.

승인 조건이 문제가 될 때는?

출연자가 호주의 수도를 말하는 문제를 받았다고 합시다. 출연자는 그 답이 시드니가 아님을 분명히 기억하고 있었습니다. 그는 멜버른이라고 답을 말하고 싶었지만 그 이름이 생각나지 않았습니다. 그래서 할 수 없이 시드니 이외의 호주의 도시 이름으로 유일하게 기억나는 캔버라를 말했습니다. 이때는 맞추리라는 확신이 거의 없었지만 포기하는 것보다는 낫다는 심정으로 대답한 것인데, 정말 운 좋게도 '옳은 답'을 말한 결과를 낳았습니다. 물론 출연자는 그 관문을 통과하여 '답을 아는' 것과 동등한 인정을 받습니다. 하지만 예상 밖의 행운에 기쁨을 감추지 못하는 출연자의 표정은 '진정으로 아는' 것은 아님을 그대로 드러냅니다. 정리하면 이렇습니다.

(1) 출연자는 '캔버라가 호주의 수도'라고 대답한다(알고 있다고 말한다)

(2) 그러나 출연자는 '캔버라가 호주의 수도임'을 믿고 있지는 않았다.

  이 경우 (1)에 의해서 지식의 첫 번째 조건인 진리 조건을 만족하고 있습니다. 하지만 (2)에 의해서 지식의 두 번째 조건인 승인 조건을 만족하지 못하고 있습니다. 따라서 출연자는 '캔버라가 호주의 수도임'을 알지 못했습니다. 지식을 갖고 있지 않은 것입니다.

  퀴즈 프로그램에서 진행자가 평소보다 뛸 듯이 기뻐하는 출연자에게 자신이 없었냐고 묻자 확신이 없었노라고 솔직하게 답을 하는 장면들은 대개 이와 같은 상황입니다. '알지 못하면서도 아는 것으로 인정받는 상황'인 것이지요.

정당화 조건이 문제가 될 때는?

  본문의 예에서 보듯이 네 명의 출연자인 '김종민' '술비' '조형귀' '데키루 붐'에게 인도의 수도 이름을 알아맞히라는 문제가 주어졌습니다. 답을 맞힌 조형귀와 데키루 붐이 뭐라고 했죠?

조형귀: 뉴델리가 인도에서 가장 큰 도시잖아요!

데키루 붐 : 뉴델리가 인도 정부의 소재지이거든요!

이것을 보면 데키루 붐은 인도의 수도가 뉴델리임을 제대로 알고 있지만, 조형귀는 잘못된 근거로 정답을 확신하여 정당화 조건을 만족하지 못하므로, 답을 알고 있지 못한 것입니다. 즉, 조형귀는 지식의 세 조건 가운데 진리 조건과 승인 조건을 만족하지만 정당화 조건을 만족하지 못하므로, '인도의 수도는 뉴델리임' 이라는 지식을 갖지 못한 사람입니다. 왜냐하면 이런 논리라면 조형귀에게는 미국의 수도가 워싱턴이 아니라 뉴욕이 되어야 하며, 호주의 수도는 캔버라가 아니라 시드니여야 하니까요!

얼핏 생각하기에는 지식의 성립 조건 중에 정당화 조건까지 요구하는 것은 지나치게 까다로운 것이 아닌가 싶어도, 이처럼 단편지식을 넘어 지식의 보편적 체계까지 성립시키기 위해서는 정당화 조건이 결정적 조건이 됩니다.

여전히 남아 있는
지식의 문제점

 "지지위지지(知之爲知之) 부지위부지(不知爲不知), 시지야(是知也) :

아는 것을 안다하고 모르는 것을 모른다고 하는 것, 그것이 곧 지식이다."

– 공자

1 이발사 패러독스

"아직 한 가지 문제가 남아 있어."

양희 언니가 의미심장하게 말했습니다.

"그건 또 무슨 얘기야?"

송희는 양희 언니의 말이 무척 궁금했습니다.

"스스로 이발을 하지 못하는 사람에게만 이발을 해 주는 이발사. 그의 머리는 누가 자를 것인가?"

양희 언니는 마치 연극 대사를 외우는 것처럼 비장하게 말했습니다.

"엥?"

송희는 도통 언니의 말이 이해되지 않았습니다. 뜬금없이 이발사 자신의 머리를 누가 자르냐고 하니까요.

"내 말을 잘 생각해 봐."

양희 언니는 다시 송희에게 물었습니다.

"스스로 이발을 하지 못하는 사람에게만 이발을 해 주는 이발사……."

송희는 그렇게 되뇌며 생각해 보았습니다. 거기까지는 이해가 되었습니다. 스스로 이발을 하지 못하는 사람에게만 이발을 해 주는 사람이 있다는 건 이해가 되는 거니까요.

"그런 이발사의 머리는 누가 자르나?"

이번엔 뒷말을 생각해 보았습니다. 송희는 한참 동안 생각했습니다. 스스로 이발을 하지 못하므로 그 이발사의 머리 또한 자신이 잘라야 하는데…….

"어떻게 해야 하니?"

언니가 또 물었습니다.

"글쎄…… 스스로 머리를 깎지 못하는 사람에게만 머리를 깎아

주는 이발사야 얼마든지 있을 것 같아. 그런데 그 이발사의 머리는 누가 깎느냐고? 이건 이상한데……. 그 이발사가 자신의 머리를 깎는다면 스스로 머리를 깎지 못하는 사람의 머리만 깎는다는 말에 맞지 않아. 또 그 이발사가 자신의 머리를 깎지 못한다면, 스스로 머리를 깎지 못하는 사람의 머리를 깎아 주어야 하는데, 이것도 말이 안 돼. 그러니까…… 에잇, 모르겠다. 이것도 저것도 다 말이 안 되잖아?"

송희는 자신의 머리를 흔들었습니다. 머릿속이 너무 복잡했기 때문이었습니다.

"그럼 이 문제를 다른 것으로 설명해 볼게."

송희는 양희 언니가 무슨 얘기를 들려줄까 기대하면서 귀를 쫑긋 세우고 들었습니다.

"다른 사람이 주장하는 말 중에 '양치기 소년은 참말을 한다' 는 거짓이고, '양치기 소년은 거짓말을 한다' 가 참이라고 생각하자. 그러면 양치기 소년이 스스로 주장하는 말 중에 '나는 참말을 한다' 는 거짓이야. 그리고 양치기 소년은 스스로 '나는 거짓말을 한다' 라고 주장했어. 여기에서 양치기 소년에 대해 넌 무슨 정보를 얻었니?"

양희 언니가 송희에게 물었습니다.

"'양치기 소년은 거짓말을 한다'는 사실이지!"

송희는 오래 생각하지 않아도 내용이 쉽게 머리에 들어왔습니다.

"그래, 그런데 잘 생각해 보면 양치기 소년이 스스로 주장한 '나는 거짓말을 한다'라는 문장은 참이라고도 거짓이라고도 할 수 없어. 왜 그럴까?"

"음…… 왜냐하면 양치기 소년은 거짓말을 하는 사람이니까 스스로 주장한 '나는 거짓말을 한다'는 거짓이 되어야 해. 그렇다면 양치기 소년은 '나는 참말을 한다'라고 한 것이 되잖아? 그런데 양치기 소년이 참말을 하는 건 또 거짓이 되는 거야."

복잡한 것 같았지만 차근차근 되물어 가니 이해가 되었습니다.

"맞았어, 잘 이해했구나. 네 가지 주장 중에 첫 번째 문장과 두 번째 문장은 '나'가 아닌 '다른 사람'의 주장을 담고 있기 때문에 문제가 되지 않아. 왜냐하면, 참 또는 거짓을 분명히 밝혀 진리 조건을 충족시킬 수 있기 때문이지."

"그럼 다른 문장들은?"

"세 번째와 네 번째 문장은 자신에 대한 주장을 담고 있어. 세 번째 문장 역시 문제가 되지 않지만 네 번째 문장만은 참 또는 거짓

을 분명히 말할 수 없는 거야. 간단하게 말하면, '지금 이 말은 거 짓말이다' 라는 주장이 참이면 내용인 '거짓말이다' 가 참이니까 거짓이 되고, 거짓이면 내용인 '거짓말이다' 가 거짓이 되니까 참 인 주장이 되는 것이지. 거짓이라고 하면 참이 되고 참이라고 하 면 거짓이 되어, 참이라고 할 수도 없고 거짓이라고도 할 수가 없 는 거지."

양희 언니의 설명은 얼핏 들으면 말장난처럼 느껴졌습니다.

"이발사 경우도 마찬가지겠네? 스스로 이발을 할 수 없는 사람 에게만 머리를 잘라 주는 이발사가 자신의 머리를 깎을 수도 깎지 않을 수도 없는 상황! 스스로 이발을 할 수 없는 사람에게만 머리 를 잘라 준다는 사실이 거짓이 될 수도 참이 될 수도 없으니까!"

"빙고~."

양희 언니의 말에 송희는 어깨가 으쓱해졌습니다.

"정말 잘 생각했어! 이렇게 참이라고 할 수도 없고 거짓이라고 할 수도 없는 주장을 패러독스라고 해."

"패러독스?"

"응, 앞에서 말한 것은 명제적 형태의 정보임에도 불구하고 특 수한 경우에는 참임을 단언할 수 없는 정보가 되어 진리 조건 을 충족시킬 수 없어. 결국은 알 수 없는 주장, 즉 지식이 될 수 없는 거지."

"거참, 복잡하네. 패러독스……. 지식의 성립 조건을 갖추었는데 지식이 될 수 없다?"

송희는 패러독스라는 말이 너무 알쏭달쏭했습니다.

"텔레비전 프로그램 〈진실 게임〉에서 진행자가 힌트를 주면서도 '내 말을 믿지 마세요'라는 말을 하면서 알쏭달쏭하게 만드는 경우가 종종 있는데, 이 때 말한 '내 말'은 바로 먼저 말한 힌트겠지? 그것은 결국 '내가 준 힌트는 거짓이다'라는 주장이 되는 거야. 따라서 패러독스가 발생하지는 않아. 하지만 이어서 '지금 이 말도 믿지 마세요'라든가 '내가 거짓말을 하고 있어요'라고 말했다면, 그것은 참도 거짓도 단언할 수 없는 패러독스가 되는 거야. 이해가 되니?"

"어렵다! 그럼, 진리 조건이 맞지 않잖아."

송희는 머리가 복잡해졌습니다. 패러독스라는 말을 처음 듣고 설명을 들었을 땐 얼핏 이해가 되는 듯도 싶었는데 설명이 길어지면 길어질수록 오히려 더 미궁 속으로 빠졌습니다.

"그래, 그래서 지식 성립의 세 조건 가운데 가장 쉽고 당연해 보이는 진리 조건은 패러독스 때문에 만족시키기가 생각보다 어려워. 하지만 패러독스는 잘 일어나지 않고, 특수한 유형의 주장에서만 발생하기 때문에 일반적 지식에서는 쉽게 구분될 수 있어. 네가 학교에서 보는 시험 문제에는 패러독스가 일어나는 문제는 결코 없으니까 안심하라고!"

어리둥절해 하는 송희를 보며 양희 언니는 안심을 시키듯 말했습니다.

"지식의 성립 조건까지 말했을 때는 이해가 쉬웠는데, 패러독스에 대한 설명을 듣고 나니 머리가 하얘진 것 같아."

송희는 머리를 감싸 쥐며 괴로운 표정을 지었습니다. 그런 송희의 모습을 보며 양희 언니가 한바탕 웃었습니다. 그때 전화벨이 울렸습니다. 언니가 전화를 받더니, 송희를 바꿔 주었습니다.

"누군데?"

송희는 눈이 동그래져서 물었습니다.

"응, 선주."

송희는 어제도 오늘도 화를 내며 먼저 집에 온 사실이 생각나 잠시 머뭇거렸습니다.

"얼른 전화 받아."

언니가 수화기를 손으로 꼭 막고 재촉했습니다.

"여보세요? 응, 선주니?"

송희는 거의 기어들어가는 목소리로 전화를 받았습니다.

"내일 놀토니까 우리 놀이동산에 놀러 가자. 시험 끝나면 놀이동산에 가기로 지난 번에 약속했잖아."

선주의 목소리는 밝았습니다. 언제나 착하고 성격이 좋아 아까 있었던 일은 벌써 잊은 듯 했습니다. 송희는 그런 선주에게 미안한 마음이 들었지만, 놀이동산에 가기로 했던 약속이 생각나 가고 싶은 마음도 간절했습니다. 내일 놀이동산에 간다면 분명 미영이도 함께 갈텐데 어쩐지 마음이 내키지 않았습니다. 내일 당장 미영이를 만나는 일은 껄끄러울 것 같았습니다. 물론 송희는 미영이가 했던 말의 오해를 풀었습니다. 그러나 화를 내고 집으로 온 자신의 행동 때문에 미영이를 대하는 것이 부담스러웠습니다. 조금 시간이 지나고 만나면 좋겠다는 생각이 들었습니다. 지난 번에 시험이 끝나고 놀이동산에 가자고 약속한 것은 선주와 미영이 그리고 송희가 함께였으니 당연히 미영이도 같이 가겠지요? 그러나 정말 미영이가 함께 가겠다고 했을지 그것도 조금은 의심스러웠습니다. 송희 자신도 아직은 미영이를 만나는 것이 껄끄러운데 미영인들 그렇지 않겠어요? 사실 화가 났다면, 미영이가 더 많이 화가 났겠지요. 송희는 잠시 망설였습니다.

"응? 가자! 내가 얼마나 시험 끝나기만 기다렸는지 알아?"

선주가 전화기 너머에서 다그쳤습니다.

"누, 누구랑?"

송희는 미영이가 가는지 안 가는지 떠보기 위해 조심스럽게 물었습니다.

"누구긴, 나랑!"

선주는 당연한 듯 말했습니다. 송희는 재차 물었습니다.

"너랑?"

"응, 나랑."

선주는 똑같이 대답했습니다.

"응, 그럼 알았어."

"그래, 그럼 내일 아침 10시에 아파트 입구에서 만나자!"

선주는 들떴는지 목소리가 통통 튀었습니다. 전화를 끊고 송희 역시 기분이 조금 나아졌습니다. 송희가 슬그머니 누구랑 가냐고 물었을 때 분명 선주는 자기랑 간다고 했으니 미영이는 가지 않는 것이 분명했습니다. 미영이를 생각하면 마음이 불편하지만, 어쨌든 놀이동산에 가는 일은 즐거운 일이었습니다. 선주와 만나 놀이동산에서 기분도 풀고 미영이의 마음이 어떤지 선주에게 슬며시 물어도 보고, 그렇게 기분을 전환하고 나면 좋을 것 같았습니다. 송희는 일단 선주와 놀이동산에 다녀온 후에 미영이와 화해할 구실을 찾아서 문제를 해결하는 것이 좋겠다고 생각했습니다.

2 롤러코스트는 정말 무서울까?

어제 내린 눈은 모두 녹았습니다. 금방이라도 눈이 또 올 것처럼 하늘은 흐렸지만 포근한 날씨였습니다. 송희는 땅만 내려다보고 있었습니다. 땅만 내려다보기는 미영이도 마찬가지였습니다. 그런 송희와 미영이를 번갈아 보며 선주가 말했습니다.

"땅바닥에 돈 떨어졌니? 왜들 땅만 보고 있어?"

"미영이도 함께 가는 거였어?"

송희가 슬그머니 고개를 들며 말했습니다.

"너랑만 가는 줄 알았어."

이번엔 미영이가 고개를 들며 말했습니다.

"왜?"

선주는 모른 척하며 눈을 동그랗게 떴습니다.

"너랑 간다고 했잖아."

송희가 거짓말을 한 선주를 질책하듯 말했습니다.

"나랑 가는 거 맞잖아!"

선주가 당연하다는 듯이 말했습니다.

"너랑만 가는 줄 알았어!"

미영이가 말했습니다.

"어쨌든, 나랑 가잖아."

선주의 말에 송희와 미영이 고개를 갸우뚱거립니다.

"너희 둘 다, 내게 누구랑 가냐고 묻더라? 그래서 나랑 간다고
했지. 맞는 말이잖아? 난 거짓말 한 적 없는데?"

송희는 선주의 이야기를 들으며 혼자 생각했습니다.

'아, 진리 조건은 충족했어. 그렇지만……'

"미영이는 송희가 가는지 묻지 않았고, 송희는 미영이가 가는지
묻지 않았어. 그래서 난 말하지 않았을 뿐이야. 너희가 미영이도

가니? 송희도 가니? 그렇게 물었다면 대답했겠지만……. 그렇다면 우리 셋이 함께 가지는 못했겠지? 히히."

선주는 뭐가 그리 좋은지 자꾸 웃었습니다. 송희는 혼잣말로 말했습니다.

"승인 조건과 정당화 조건을 갖추지 못했구나."

"뭐라고? 혼자 뭘 중얼거려?"

선주가 송희를 쳐다보며 말했습니다.

"어쨌든 난 거짓말 한 적도 없고, 너희들은 나랑 놀이동산에 가는 것에 동의했으니, 이제 출발해 볼까?"

어색한 분위기를 띄우려고 선주는 평소보다 더 목소리를 높이며 활기차게 말했습니다. 평소엔 착하기만 했지, 자신의 주장을 내세우거나 목소리를 높이는 선주가 아니었습니다.

"저……."

송희가 선주의 말을 가로막았습니다. 선주는 혹시 송희가 가지 않겠다고 할까 봐 불안했습니다.

"저…… 미영아, 미, 미안해."

송희가 기어들어가는 목소리로 말했습니다.

"뭐, 뭘?"

미영이도 겨우 말했습니다.

"네 말뜻을 오해했어. 넌 내가 정말 공부를 잘하는 친구가 되었으면 하는 마음에서 충고한 건데, 내가 자꾸 너한테 잘난척한다면서 화를 내고……."

송희는 천천히 말했습니다.

"아니야, 내 잘못도 많아. 네 기분은 생각하지도 않고 내 생각만을 강요했던 것, 나도 많이 후회했어."

미영이는 송희의 말이 채 끝나기도 전에 자신의 잘못을 말했습니다. 송희는 미안한 마음에 고개를 들 수가 없었습니다.

"자, 됐어. 그만, 그만!"

선주가 웃으며 말했습니다.

"서로 화해한 것 같으니 이제 그만 마음 풀고, 우리 즐겁게 놀이동산으로 출발하자, 빨리!"

선주가 미영과 송희의 손을 잡아끌었습니다.

송희와 선주와 미영이는 롤러코스터 앞에서 한참 동안 실랑이를 했습니다. 미영이와 송희는 신이 나서 얼른 롤러코스터를 타고 싶었지만, 자꾸만 선주가 머뭇거렸습니다. 롤러코스터는 공중에서 뱅글뱅글 돌며 신나게 달렸습니다. 놀이동산은 롤러코스터

에 탄 사람들의 함성으로 떠들썩했습니다. 미영이는 롤러코스터에 빨리 타고 싶은 마음에 선주를 잡아당겼지만 선주가 자꾸 손을 뺐습니다.

"저거, 너무 무서울 것 같아. 난 못 타겠어!"

겁에 잔뜩 질린 표정으로 선주가 말했습니다. 그런 선주를 보니 송희도 덩달아 겁이 났습니다.

"정말, 저거 무서울까? 무섭겠지?"

"아니야, 하나도 안 무서워!"

미영이가 단호하게 말했습니다.

"정말? 거짓말 하지 마! 사람들이 저렇게 고함을 지르는데?"

선주가 아찔하게 돌아가는 롤러코스터를 보며 말했습니다.

"재밌어서 소리 지르는 거지. 신이 나서 말이야. 너희들 롤러코스터 타 본 적 없어?"

"응."

"나도."

송희와 선주가 대답했습니다.

"정말? 아직까지 저걸 못 타 봤단 말이야?"

미영이의 물음에 송희와 선주가 고개를 끄덕였습니다.

"왜~애?"

미영이는 어이가 없다는 듯 말했습니다.

"무섭게 생겼잖아. 무서울 것 같아서 못 타 봤지."

선주가 당연하다는 듯 말했습니다.

"나도."

송희의 말에 미영이는 또 어이가 없다는 듯 웃었습니다.

"어떻게 타 보지도 않고 무서울 거라고 생각해? 난 여러 번 타 봤는데 하나도 안 무서워. 정말이야."

미영이가 어깨를 으쓱이며 말했습니다. 미영이는 송희가 또 잘난 척 한다고 할까 봐 살짝 눈치를 보았지만, 그런 오해는 이제 하지 않는 듯 송희는 미영이를 부러운 눈초리로 쳐다보았습니다.

"정말? 거짓말 하지 마! 무서운데 그냥 우리를 태우려고 거짓말 하는 거지?"

선주는 여전히 겁에 질린 표정이었습니다.

"한번…… 타 볼까?"

송희는 슬그머니 롤러코스터를 쳐다보았습니다. 미영이의 말대로 타 보지도 않고 무서울 거란 생각을 하는 건 옳지 못하다고 생각했습니다. 실제로 타 보면 별 것 아닐 수도 있다는 생각이 들었습니다.

"그래, 내가 언제 거짓말 하는 거 봤니? 정말 하나도 안 무섭다니까!"

미영이가 의기양양 말했습니다.

"그래, 맞아! 언제 미영이가 농담 한 번 한 적 있니? 참말만 하잖아. 진짜 안 무섭겠지."

송희가 편을 들어주었습니다. 미영이는 언제나 옳은 말만 하는 아이니 실없이 농담이나 거짓말을 하지 않을 것이 분명했습니다.

"치, 어제까지만 해도 둘이 싸워놓고 화해하더니 쿵짝이 잘 맞네?"

선주의 말에 송희와 미영이가 마주 보며 웃었습니다.

"그럼, 정말 안 무섭단 말이지?"

선주가 슬쩍 마음을 바꾼 모양이었습니다. 롤러코스터를 보며 침을 꼴깍 삼켰습니다.

"정말, 미영이 말대로 하나도 안 무섭다면 우리도 한번 타 볼까?"

선주가 단단히 마음을 먹은 모양이었습니다. 송희도 고개를 끄덕였습니다. 그때 미영이가 웃었습니다.

"하하하! 거짓말이야. 저거 되게 무서워."

"뭐?"

송희와 선주가 눈을 동그랗게 뜨며 미영이를 쳐다보았습니다.

"나 거짓말 잘해!"

미영이가 배꼽을 잡으며 웃었습니다. 미영이가 선주와 송희를 놀리려고 한 말인지 정말 무서워서 하는 말인지 갈피를 잡을 수 없었습니다.

"뭐야? 무섭다는 거야, 안 무섭다는 거야?"

선주가 짜증을 냈습니다. 그런 선주가 재미있다는 듯 미영이는 계속 웃었습니다. 그런데 송희는 심각한 얼굴로 갑자기 소리쳤습니다.

"패러독스! 맞아, 패러독스!"

송희의 말에 미영이는 웃음을 멈추었고 울상이던 선주도 송희를 쳐다보았습니다.

"뭐? 패러독스?"

선주가 송희의 말을 따라했습니다.

"그래, 패러독스. 미영이 말이 참이라고도 거짓이라고도 말할 수가 없잖아. 미영이는 참말만 하는 아이인데, 미영이는 롤러코스터가 하나도 무섭지 않다고 거짓말을 했어. 그러니까 거짓말을 했다는 미영이의 말은 참말이겠지? 그렇지만 미영이는 참말만 하는 아이잖아? 그러니까 미영이의 말을 참말이라고 할 수도, 거짓말이라고 할 수도 없는 거니까 바로 패러독스지!"

송희는 어제 양희 언니에게 들었던 패러독스에 대해 설명해 주었습니다. 지식의 성립 조건에 대해서도 말이지요. 선주는 조금 어렵다고 했지만 미영이는 똑똑해서 그런지 빨리 이해했습니다. 미영이와 선주가 고개를 끄덕이며 송희의 설명을 들었습니다. 송희는 갑자기 자신이 미영이보다 똑똑한 것만 같아 어깨가 으쓱했습니다.

"어제 언니가 이야기해 준 것 중에서 아주 재미있는 이야기 하나가 있어."

송희가 말했습니다.

"뭔데? 얘기해 봐!"

미영이가 궁금해 죽겠다는 표정이었습니다.

"열 살짜리 쌍둥이 사내아이들의 엄마가 있어. 쌍둥이의 이름은 '좌충' 이와 '우돌' 이야."

송희가 이야기를 시작했습니다.

"히히, 좌충우돌? 그것 참 재미있네? 이름 참 희한하게 지었다.

혹시 그 애 엄마는 쌍둥이 아들 때문에 만날 좌충우돌하는 거 아니야?"

선주가 낄낄거리며 웃었습니다.

"이야기를 재밌게 만들기 위해서 이름을 그렇게 지었겠지. 설마 진짜 이름이겠어? 어쨌든, 빨리 빨리!"

송희의 이야기를 중간에서 끊은 선주를 나무라며 미영이가 재촉했습니다.

"아주 어릴 적부터 좌충이는 늘 검정 신발만 신었고 우돌이는 하얀 신발만 신었어. 직장에 근무하는 쌍둥이 엄마는 늦게 퇴근하면 현관에 벗어 놓은 신발부터 확인했대. 검정 신발과 하얀 신발 두 켤레가 나란히 놓여 있으면 안심을 하고 말이야. 그런데 가끔 검정 신발만 놓여 있고 하얀 신발이 보이지 않을 경우가 종종 있었어. 그럴 때는 늘 우돌이가 옆집에 사는 동갑내기 쌍둥이 여자친구, 천방이와 지축이하고 놀고 있는 경우였지."

"히히, 이번엔 천방지축이야? 그 옆집도 웃기긴 마찬가지다!"

선주가 또 송희의 말을 끊으며 웃었습니다. 그런 선주를 미영이가 째려보자 선주는 웃음을 딱 멈추고 송희에게 이야기를 계속하라고 손짓했습니다.

"오늘도 엄마는 퇴근하며 현관에 벗어 놓은 신발부터 확인해 봤어. 그랬더니 검정 신발만 있고 하얀 신발은 없는 거야. 그래서 다급하게 인터폰으로 옆집에 전화를 걸었어. '오늘도 우리 애 한 녀석이 그 댁에 있지요?' '예.' '아유, 오늘도 폐를 끼쳤네요. 얼른 보내 주세요.' '폐는 무슨 그런 말씀을. 우리 천방이와 지축이도 같이 천방지축 잘 놀아서 좋지요. 암튼 알았어요. 얼른 집으로 가라고 할게요.' 했지."

송희는 양희 언니가 그랬듯이 아줌마 목소리를 흉내 내며 이야기를 했습니다. 언니에게 재미있게 들었던 이야기를 친구들에게도 재미있게 해 주고 싶었습니다.

"우와, 너 정말 아줌마 흉내 잘 낸다!"

미영이가 감탄했습니다.

"언제 그런 걸 연습했니?"

선주도 말했습니다.

"연습은 무슨! 내 원래 실력이지. 내가 좀 연기가 되거든!"

송희는 잘난 척을 하며 웃었습니다. 미영이와 선주도 웃었습니다.

"그래서 어떻게 됐어?"

"그런데 잠시 후에 집에 들어서는 아이는 뜻밖에도 좌충이였어.

오늘따라 우돌이는 피곤해서 제 방에서 일찍 잠들었는데, 천방이와 지축이가 놀자고 해서 좌충이가 대신 놀러 갔던 거야. 그리고 그때 평소와 달리 우돌이의 하얀 신발을 신고 갔던 거고."

"엥? 그게 뭐야? 싱겁잖아. 뭐, 신발을 바꿔 신을 수도 있지."

선주는 송희의 이야기에 실망했습니다. 재미있는 결과가 있을 줄 알았는데, 결국 신발을 바꿔 신고 놀러 간 아이를 다른 아이로 오해했다는 그런 얘기 아닌가요?

"내가 이 이야기를 하는 건, 선주 네가 정당화 조건에 대해서 헷갈린다고 해서 그런 거야. 정당화 조건이라는 것이 좀 까다롭거든."

송희는 자신의 이야기가 재미없었나 싶어 미안한 마음이 들었습니다.

"아니야, 계속해 봐. 그래서 지금 이 이야기가 지식의 성립 조건에 어떻게 적용되는 거야?"

미영이는 송희의 이야기에 흥미를 느꼈습니다. 선주는 그런 미영이를 보며 부러운 마음이 들었습니다. 무엇이든 저렇게 관심을 보이며 깊이 파고드는 노력, 그런 선천적인 능력이 부러웠던 것이지요. 선주는 조금만 복잡하거나 어려운 이야기는 피하기 일쑤였거든요. 공부도 마찬가지고요. 그래서 자신이 공부를 못하는 것이라고 생각했습니다. 선주는 이번만큼은 친구가 설명해 주는 것이니 이해하려고 노력하며 잘 들어 봐야겠다고 생각했습니다.

"그래, 어려운 얘기 같지만 잘 들어 볼게. 이야기 계속해 줘."

"음, 그러니까 엄마의 주장을 다시 되짚어 보자. 명제인 '두 아들 중 한 명이 옆집에 있다'는 참이므로 '진리 조건'을 만족해. 그리고 이런 판단에 대한 확신을 가지고 있었으므로 '승인 조건'도 만족하고. 한편 엄마의 확신은 '하얀 신발이 없다'였어. 이로부터 '평소처럼 우돌이가 옆집에 있다'가 추론된 거야. 그리고 다시 그로부터 '두 아들 중 한 명이 옆집에 있다'라는 안전한 판단에 이른 것으로써, 이 추론은 엄마의 입장에서는 매우 정당한 것이지. 따라서 정당화 조건도 만족하는 거고. 이처럼 지식의 필요충분 조건인 세 가지 조건을 모두 만족하지만, 과연 엄마는 '두 아들 중 한 명이 옆집에 있다'는 사실을 진정으로 알고 있었던 것일까? 다시 말해 엄마는 두 아들 중 한 명이 옆집에 있다는 지식을 갖고 있었던 것일까?"

송희의 말에 미영과 선주가 고개를 흔들었습니다.

"조건은 갖추었지만, 지식은 갖지 못한 것 같아."

미영이가 말했습니다.

"그러게. 설명을 듣고 보니 엄마가 정확한 지식을 갖고 있었던 것 같았지만, 결국 다른 결과를 가져와 정확한 지식이 될 수 없었다는 거잖아."

선주도 같은 생각을 했습니다.

"정말 어렵지? 나도 양희 언니의 이야기를 들었을 때 그랬어. 그래서 정말 안다는 것은 어려운 거구나 생각했지."

송희가 아직도 고개를 절레절레 흔드는 미영과 선주에게 말했습니다.

"지식을 갖는다는 건 정말 간단하고, 단순한 게 아닌 것 같아. 그것도 참지식을 갖는다는 거 말이야. 여러 가지 조건을 충분히 갖는다 하더라도 패러독스와 같은 오류에 빠지지 않는 것도 쉬운 일이 아니고."

"아휴, 머리가 다 아프다. 아는 것이 힘이라고 하지만, 이럴 땐 모르는 게 약인 것 같아."

선주의 말에 미영이와 송희가 웃었습니다.

"맞다! 모르는 게 약이야!"

미영이가 선주의 말에 맞장구를 쳤습니다.

3 벼락치기 공부는 안 해

"그래서 또 한 가지 깨달은 게 있어."

송희가 말했습니다.

"뭔데?"

약속이나 한 것처럼 미영과 선주가 동시에 말했습니다.

"벼락치기 공부 말이야. 그리고 미영이의 충고도!"

"지식 이야기를 하다가 웬 벼락치기 공부고, 내가 한 충고라니?"

미영이가 되물었습니다.

"사실 내가 그동안 운이 좋아서 시험을 잘 봤잖아?"

송희가 말을 하기 시작했습니다.

"운이 좋았다고만 볼 수 없지. 매번 그렇게 운이 좋은 사람이 어디 있니? 그만큼 너의 실력이 쌓여서 그런 거지."

미영이가 말했습니다.

"웬일이니? 어제까지만 해도 나에게 문제가 있다고 해 놓고?"

송희가 말하자 미영이가 쑥스러운 듯 머리를 긁적였습니다.

"맞아, 그래도 벼락치기 공부를 했든 하지 않았든 네 실력이 뒷받침 되어서 시험을 잘 본거야."

선주가 덧붙여서 말했습니다.

"왜들 그래? 나 지금 반성하고 있는 중인데 왜 비행기를 태우는 거야?"

송희와 미영 그리고 선주는 한참 동안 웃었습니다.

"어쨌든 미영이의 말대로 내가 해 오던 벼락치기 공부 방법은 잘못 되었어. 참지식이 되기 위해 조건이 있듯이 공부하는 것도 마찬가지라는 걸 알게 되었어. 벼락치기 공부와 제대로 이해하는 공부의 차이는 아주 큰 거야. 내가 벼락치기 공부로 좋은 시험 점수를 받았다는 건 진리 조건을 만족시켰다고 볼 수 있어. 하지만 정확하게 이해하고 확신을 갖고 답을 맞혔다고 볼 수는 없으니까 승인 조건과 정당화 조건을 갖추지 못한 셈이지. 지금 우리가 시험을 보는 것처럼 객관식이 아니라 단답형이나 서술형으로 나온 문제를 푼다면 아마 나는 지금처럼 좋은 점수를 얻지 못했을 거야. 그러니 내가 했던 벼락치기 공부는 아예 지식이 아닌 셈이었지."

송희가 고백성사를 하듯 조곤조곤 자신의 잘못된 공부 방식에 대해 반성을 했습니다.

"그래서 미영이가 그렇게 공부 방법을 운운했구나. 확실하게 이해하고 공부해라! 하고 말이야. 미영이는 정말 똑똑하다니까! 어떻게 공부에 지식의 성립 조건을 적용 시켰을까?"

선주의 말에 미영이가 손사래를 쳤습니다.

"그건 성급한 판단이야. 내가 그리 똑똑한 것도 아니지만······."

"너무 겸손한 걸?"

미영이의 말에 송희가 토를 달았습니다. 선주가 웃었습니다.

"어쨌든 내가 지식의 성립 조건 같은 걸 알고 있었던 건 아니야. 송희 덕에 나도 올바른 지식에 대해서 알게 되었으니까. 나는 다만, 정확하게 이해하고 공부하는 것이 훨씬 더 쉽고, 공부한 것이 오랫동안 머리에 남는다는 걸 경험으로 알았기 때문에 너희들에게 그렇게 강조했을 뿐이야. 난 오늘 송희한테 많은 걸 배운 것 같아."

"물론 나도 그래. 그리고 뭐, 공부 잘하고, 시험 잘 친다고 사람이 행복해 지는 건 아니잖아. 어른들은 돈이 많아서 행복할 수도 있지만 돈이 모든 행복을 만들어 주는 건 아니잖아. 다만 행복의 한 요소라고 봐. 우리에게는 성적과 공부가 매우 다양한 행복의 요소 중에서 한 가지인 거야."

선주의 어른스러운 말에 송희와 미영이는 놀란 표정을 지으며 웃었습니다. 그리고 미영이가 말했습니다.

"너희 〈행복은 성적순이 아니잖아요〉라는 영화 알아? 엄청 오래된 영화라고 하던데, 히히. 내 주변에 있는 다른 행복들을 포기하고 성적 올리는 것에만 매달려서 행복을 가지려고 하는 건 어리석은 짓 같아. 그래서 나는 내 주변에 있는 다양한 것들에 관심을 가지면서 항상 최선과 열정을 다하려고 노력 중이야."

뭐든지 열심히 최선을 다하는 미영이의 모습을 송희와 선주는 잘 알고 있기 때문에 미영이가 하는 말이 이해되었습니다. 송희는 미영이와 선주의 말을 들으니까 어제 언니가 얘기해 준 말이 다시 생각나서 말했습니다.

"관심 가질 게 얼마나 많은데~. 미영이는 욕심도 많어서. 좀 전에 내가 패러독스 얘기했잖아. 그거 '러셀'이란 철학자가 말한 거야. 어제 언니한테 들었는데 그 사람이 행복에 대해서도 얘기했어. 너희가 말하는 거랑 비슷한 것 같아. 러셀이 말하는 것 중에 좋은 구절이 많아서 내가 다이어리에 적어 놨거든. 잠시만."

송희는 가방을 뒤져서 지난 학기에 샀던 다이어리를 꺼냈습니다. 반년이 훌쩍 지난 것이라서 약간 끝이 닳았지만 용돈을 모아서 산 비싼 다이어리이기 때문에 소중하게 쓰고 있었습니다. 다이어리 한 쪽에 예쁜 글씨체로 적어 놓은 구절이 몇 개 있어 송희가 읽었습니다.

"아, 여기 있다. '나의 행동은 내가 흔히 생각하는 것만큼 중요한 것은 아니며, 결국 내가 성공하느냐 실패하느냐 또한 그리 중요한 일이 아니다. 인간은 아무리 큰 슬픔도 이겨낼 수 있다. 마치 인생의 행복을 끝장나게 할 것처럼 보이던 심각한 고민도 시간이 지남에 따라 차츰 사그라져, 나중에는 그 고민이 얼마나 강렬했는지조차 거의 기억할 수 없게 된다.' 비록 잘못된 지식 개념으로 이번 시험을 망치게 되었지만 그것이 끝은 아니잖아."

"우와~ 너무 멋있는 말이야. 나 감동 받았어~."

선주가 혀 짧은 소리를 내며 말했습니다. 구절이 마음에 들었던 모양이에요. 선주는 송희의 예쁜 글귀를 이리저리 보았습니다. 뒷장을 넘겼는데 거기에도 어떤 구절이 적혀 있었습니다.

"어? 여기도 적어 놨네? '행복의 비결은 되도록 폭넓은 관심을 가지는 것, 그리고 관심을 끄는 사물이나 사람들에게 적대적인 반응을 보이는 것이 아니라 되도록 따뜻한 반응을 보이는 것이다.' 이 말도 좋아. 근데 이건 아까 미영이가 말한 관심과 비슷한 것 같아. 미영이의 관심 분야가 넓잖아."

그러자 미영이가 다이어리에 있는 내용을 한 번 읽어 보고 말했습니다.

"관심 있는 것이 많다는 건 그것들을 통해서 다양한 행복을 가질 수 있다는 거 아니겠니? 행복해질 기회가 많아진다는 거지. 만약 내가 선주랑 둘이서만 여기 왔다면 내가 가질 수 있는 행복이 우리 셋이 왔을 때 행복보다 작았을 거야."

미영이의 말에 선주도 동감했습니다. 송희는 괜히 멋쩍었습니다. 아이들은 뿌듯한 마음에 서로를 마주 보며 웃었습니다.

"그런데 롤러코스트는 언제 탈거니?"

미영이가 롤러코스트를 쳐다보았습니다. 그제야 모두 롤러코스트 앞에서 정신없이 이야기에 빠져 있었다는 사실을 알았습니다.

"무섭지 않을까?"

다시 선주가 겁을 먹고 말했습니다.

"미영이 너 솔직히 말해 봐. 거짓말하지 말고."

송희가 말했습니다.

"음, 그럼 진짜로 말해 볼까? 히히. 약간은 무서워. 그렇지만 정말 짜릿해. 맨 꼭대기에 올라가서 잠시 멈출 땐 약간 무서운데, 내려올 때 그 짜릿한 쾌감이란 정말 끝내 주지. 그리고 롤러코스트가 너무 빨리 지나가서 정신이 하나도 없어서 처음엔 뭐가 뭔지도 잘 몰라."

"그럼, 일단 타 봐야 알겠는 걸? 어떤 지식으로도 알 수 없는 거니까."

송희의 말에 선주가 용기를 냈습니다.

"그래, 일단 경험해야 알 수 있을 것 같으니 한번 타 볼까?"

선주의 용기에 미영이가 엄지손가락을 들어 힘을 실어 주었습니다.

"역시! 최고! 그래, 그럼 우리 롤러코스트 타러 가자."

송희와 미영이와 선주는 손을 잡고 롤러코스트 입구로 향했습니다.

 하늘에서 눈이 한 송이 두 송이 내리기 시작했습니다. 왠지 눈이 포근하게 느껴졌습니다. 아이들은 롤러코스트를 향해 걸어가면서 손을 더욱 꼭 잡았습니다. 눈발이 날리는 하늘 위로 롤러코스트가 뱅글뱅글 돌았습니다. 사람들의 즐거운 함성 소리가 겨울 하늘 가득 울려 퍼졌습니다.

지식의 문제점

지식의 문제점 중 하나는 진리 조건과 관련된 '패러독스 문제'이고 다른 하나는 정당화 조건과 관련된 '게티어의 문제'입니다. 패러독스는 명제이지만 참 또는 거짓으로 판명이 불가능한 명제이므로, 진리 조건을 만족시키는 것이 아예 불가능하다는 점에서 지식과 관련된 심각한 문제입니다. 게티어의 문제는 지식 조건 세 가지를 다 충족시키더라도 진정으로 안다고 볼 수 없는 예외적인 경우가 있다는 점에서 지식과 관련된 심각한 문제입니다. 하지만 둘 다 인간의 지식에는 한계가 있다는 사실을 드러낸다는 점에서 같아요.

1. 패러독스 문제

세 가지 조건 가운데 진리 조건은 참 거짓을 명확하게 따질 수 있는 명제입니다. 그러나 그것을 주장하는 상황에 따라 참이라고 할 수도

없고 거짓이라고 할 수도 없는 경우가 발생합니다. 이는 지식을 성립시키는 첫 번째 조건인 진리 조건에서 발생하는 심각한 문제로서, 이런 경우를 '패러독스'라고 합니다. 예를 들어 봅시다.

갑돌이(참말을 하는 사람), 갑순이(거짓말을 하는 사람)라는 두 사람이 있을 경우,

(1) 다른 사람이 주장하기를, '갑돌이는 참말을 한다.' (참)
(2) 다른 사람이 주장하기를, '갑돌이는 거짓말을 한다.' (거짓)
(3) 갑돌이가 스스로 주장하기를, '나는 참말을 한다.' (참)
(4) 갑돌이가 스스로 주장하기를, '나는 거짓말을 한다.' (참이라고 할 수도 없고 거짓이라고 할 수도 없는 주장임!)

왜냐하면 갑돌이는 참말을 하는 사람이므로 그가 스스로 한 주장인 '나는 거짓말을 한다'가 참이어야 합니다. 그렇다면 '나(갑돌이)는 거짓말을 한다'가 됩니다.

문제가 되는 마지막 문장을 조금 자세히 살펴보면 두 가지 특징을 함께 가지고 있습니다.

　(1) '자기 자신의 말'에 대해서 주장하고 있다.
　(2) 주장하는 바가 곧 '거짓임'이라는 것이다.

　첫 번째 문장과 두 번째 문장은 '나'가 아닌 '다른 사람'의 주장을 담고 있기 때문에 문제를 일으키지 않습니다. 세 번째와 네 번째 문장은 자신에 대한 주장을 담고 있으며, 여기에서 문제가 일어납니다. 세 번째 문장은 주장하는 바가 곧 '참'으로서, 문제를 일으키는 특징이 아닙니다. 네 번째 문장만이 참 또는 거짓을 분명히 말할 수 없는 형태인 것입니다.

　더욱 간단한 형태로 표현하면 '지금 이 말은 거짓말이다'입니다. 이 주장이 참이면 내용인 '거짓말이다'가 참이니까 거짓이 되고, 거짓이면 내용인 '거짓말이다'가 거짓이 되니까 참인 주장인 것입니다. 거짓이라고 하면 참이 되고 참이라고 하면 거짓이 되어, 참이라고 할

수도 없고 거짓이라고 할 수 없는 이런 형태의 주장을 '패러독스'라고 합니다.

패러독스는 명제적 형태의 정보임에도 불구하고 일부 특수한 경우에는 참임을 단언할 수 없는 정보가 되어 진리 조건을 충족시킬 수 없습니다. 그리하여 결국은 알 수 없는 주장 즉, 지식이 되지 못합니다.

2. 지식의 정당화 정도의 문제 (게티어의 문제)

본문에 있던 좌충이와 우돌이의 이야기를 다시 살펴볼게요. 엄마의 주장이자 명제인 '두 아들 중 한 명이 옆집에 있다'는 것은 진리 조건과 승인 조건을 만족하고 있어요. 그리고 '하얀신발이 없다'라는 것으로 정당화 조건까지 만족하고 있고요.

이처럼 지식의 필요충분 조건인 세 가지 조건을 모두 만족하지만 과연 엄마는 '두 아들 중 한 명이 옆집에 있다'는 사실을 진정으로 알았던 것일까요?

이런 문제는 비록 정당화의 근거가 그릇된 것이면서도 마침 운 좋게도 유효한 경우에 발생합니다. 예에서도 보면, 하얀 신발이 없다는 최초 단서가 '우돌이가 신고 나갔다' 라는 엄마의 중간 판단에는 그릇된 것이지만, 마침 운 좋게도 '두 아들 중 한 명이 옆집에 있다' 라는 최종 주장에는 유효합니다. 곧이곧대로 '오늘도 우돌이가 옆집에 있다' 라고 최종 주장을 했다면 그것은 '진리 조건' 부터 만족시키지 못하기 때문에 이와 같은 문제는 일으키지 않습니다. 엄마는 보다 안전한 주장인 '좌충이나 우돌이 둘 중 하나가 옆집에 있다' 라는 주장을 펼쳤고, 그것이 운 좋게 진리 조건을 만족시켰기 때문에 문제가 발생한 것입니다.

에필로그

초등학교를 졸업하고 송희와 미영이와 선주는 중학생이 되었습니다. 같은 아파트에 살아서 중학교도 같은 학교로 배정 받았습니다. 중학생이 되니 한층 성숙해진 것 같아 뿌듯했지만, 수업 시간도 많고 공부할 것도 많았습니다.

선주는 여전히 학원을 전전긍긍하며 열심히 공부를 하고 있지만 성적이 잘 나오지 않는다며 걱정을 했습니다.

미영이는 자신의 공부 방법으로 혼자서 열심히 공부를 했습니다. 그래서 중학교에 가서도 좋은 성적을 유지했습니다.

송희는 초등학교 마지막 시험을 망쳤습니다. 운이 나빠서가 아니라, 제대로 공부를 하지 않았기 때문이란 걸 송희 자신이 잘 알고 있었습니다. 송희는 중학생이 된 후에 공부 계획을 철저히 세우고 하나하나 이해하며 공부를 했습니다. 선주처럼 많은 학원을 다니는 것은 아니지만, 혼자 하기 힘든 공부는 학원에 다니고 혼자 공부도 했습니다. 물론 수학은 자신이 있었습니다. 수학만큼은 양희 언니가 바쁜 틈을 쪼개어 가르쳐 주었기 때문이었습니다. 중학교는 초등학교와 다르게 시험 점수와 등수까지 자세히 나왔습니다. 1등은 아니지만 열심히 하는 만큼 좋은 성적을 받게 된 송희는 모두 미영이의 공부 방법을 배운 덕이라고 생각했습니다.

송희는 책상에 앉아 문제집에 코를 박고 공부를 하고 있었습니다. 엄마와 양희 언니는 저녁 준비를 하는지 도마 소리와 그릇 소리가 요란했습니다. 구수한 된장찌개 냄새며 송희가 좋아하는 삼치구이 냄새도 솔솔 풍겨왔습니다. 송희는 코를 큼큼거리다 슬며시 웃고는 다시 공부에 집중했습니다. 그러나 이번엔 냄새뿐만 아니라 맛있는 저녁 식탁의 모습이 떠올랐습니다. 모락모락 김이 피어오르는 밥과 얼음 동동 띄운 동치미가 어느새 문제집 위에 올라와 있었습니다. 송희는 문제집을 덮어 놓고 방문을 슬쩍 열고 나갔습니다.

"우와! 맛있겠다. 자, 다들 저녁 식사합시다!"

송희는 얼른 식탁에 가서 앉았습니다.

"너 공부 안 해? 내일이 시험이라며? 중학교 첫 시험이라 중요하다며?"

엄마가 된장찌개를 식탁 위에 올려놓으며 말씀하셨습니다.

"아무리 공부가 중요해도 밥은 먹고 해야 할 것 아니에요? 건강해야 공부도 잘하는 것 아니겠어요?"

송희는 손으로 멸치조림을 집어먹었습니다.

"왜? 공부하시느라 바쁘셔서 원래 저녁식사는 안하시는 우리 송희 씨가?"

양희 언니가 수저를 놓으며 놀리듯 말했습니다. 송희는 언니의 말은 아랑곳하지 않고 수저를 빼앗아 대신 놓으며 말했습니다.

"그거야, 철없이 벼락치기 공부를 하던 초등학생 시절 이야기고!"

송희의 말에 엄마와 언니가 박장대소했습니다. 송희는 노릇노릇 익은 삼치구이에 젓가락을 갖다 댔습니다. 그러자 양희 언니가 송희의 손을 탁 쳤습니다.

"얼른 아빠 모셔 오세요! 아가씨."

송희는 아차, 하며 머리를 긁적였습니다.

"공부에 열중하다 보니 너무 허기져서 그만……."

송희는 빈 젓가락을 입에 물고 '아빠!' 하며 안방으로 갔습니다. 그런 송희의 모습을 보며 엄마와 양희 언니는 함박웃음을 지었습니다.

송희는 중학교에 들어가 처음 시험을 보았습니다. 시험지를 받아든 송희는 깜짝 놀랐습니다. 시험 문제는 객관식만으로 답을 찍는 것도 아니고 감으로 풀 수 있는 문제도 아니었습니다. 문제에서 요구하는 답을 정확하게 이해하지 못하면 풀지 못하는 문제들이었지요. 더구나 논리적 서술을 요구하는 서술형 문제를 다룰 때에는 자신의 주장을 입증할 만한 증거가 뒷받침되지 않으면 아예 풀지 못하는 문제도 있었습니다. 지식의 정당화 조건을 충족시켜야 하는 문제였습니다. 송희는 문득 롤러코스트 앞에서 친구들과 나누었던 지식의 성립 조건에 대한 얘기가 떠올랐습니다. 그때를 생각하니 절로 웃음이 나왔습니다.

송희는 한참 동안 문제를 들여다보다 고개를 끄덕이며 미소를 지었습니다. 이제 어떤 문제가 나와도 웃으면서 쉽게 풀이과정을 쓸 줄 알게 되었습니다. 왜냐하면, 이젠 벼락치기 공부 같은 건 하지 않으니까요. 그러니 여러분도 제대로 이해하고 열심히 공부하세요!

통합형 논술
활용노트

01 다음 제시문을 읽고 물음에 답하세요.

(가)

"이제 너는 세상에서 누구도 따를 수 없는 뛰어난 도둑이 되었다. 사람들이 말하는 기술이라는 것은 대개 다른 사람에게서 얻은 것이기 때문에 한계(限界)가 있는 법이다. 그러나 스스로 터득한 지혜는 그렇지 않아서 그 응용이 무궁무진하다. 특히, 사람들이 곤경에 처하여 막막하게 되면 도리어 그 어려움이 그 사람의 의지를 더욱 굳건하게 만들고, 그의 어진 마음도 더 성숙하게 하는 것이다. (중략)

이처럼 지혜의 샘이 한 번 열리기 시작하면 다시 또 곤궁에 처하게 되어도 혼미해지지 않을 것이니, 이제 너는 틀림없이 세상에서 으뜸가는 도둑이 될 것이다."

후에 아들은 정말 세상에서 겨룰 사람이 없는 도둑이 되었다. 도둑질이란 세상에서 지극히 천하고 악한 기술이지만, 그것도 스스로 터득한 다음에야 비로소 세상에서 으뜸가는 존재가 될 수 있는 것이다. 하물며 학문(學問)의 길에 있어서야 더 말해서 무엇하겠느냐?

아들아, 네 처지가 이와 비슷하니, 곳간에 갇히고 쫓기는 것과 같은 어려움에 처하게 되더라도 그 가운데서 스스로 지혜를 터득해야 한다. 소홀히 생각하지 마라.

– 중학교 국어 1–1 《스스로 터득한 지혜》, 강희맹

(나)

"잘 생각해 봐! 똑같이 시험 점수를 얻었다고 해서 두 사람이 똑같이 알고 있다고는 할 수 없어. 벼락치기 공부를 한 사람이 어쩌다 답을 맞힌 것하고 원리를 하나하나 생각하면서 공부를 한 사람이 답을 맞힌 것하고는 다르잖아?"

미영이는 차분하게 자신의 생각을 설명했습니다. (중략)

"답을 맞혔다는 결과가 같다고 하더라도, 그 문제를 진짜 안다고 할 수도 없고 그걸 지식이라고 할 수도 없어."

– 《러셀이 들려주는 지식 이야기》(자음과모음) 중

1. 여러분, 제시문 (가)에는 아버지가 아들에게 지혜를 터득하는 방법을 알려 주고 있습니다. 아버지가 말하는 방법과 여러분이 공부하는 방법을 비교하여 설명해 보세요.

2. 제시문 (가)와 제시문 (나)에서 말하고 있는 지혜 터득과 공부 방법의 공통점을 찾아 설명해 보세요.

02 다음 제시문을 읽고 물음에 답하세요.

(가)

이때 '1은 집합 B의 원소이다' 라고 말하고, '3은 집합 B의 원소가 아니다' 라고 말합니다. 이것을 수학 기호를 사용해서 나타내 볼까요? 얼마나 세련된 수학 언어가 태어나는지 보세요.

1∈B 그리고 3∉B

다시 정리해 봅시다.

'1은 집합 B의 원소이다' 를 수학 기호를 사용해 나타내면

'1∈B입니다'

어때요, 굉장히 간결하고 완벽하지요? 이런 걸 'perfect' 라고 해야겠지요. 이것이 바로 수학 기호의 매력이랍니다.

－《칸토어가 들려주는 집합 이야기》（자음과모음）

(나)

"특별한 능력이고, 필요할 때 활용할 수 있는 것? '나는 케이크를 만들 줄 안다', 뭐 이런 거야?"

"그렇지. 그리고 또……. '송희는 미영이와 선주를 안다' 라고 했을 때는

미영이와 선주에 대해 익숙하다는 뜻이 포함되어 있는 거야. 누군가에게 네 친구 미영이와 선주를 소개시켜 줄 수 있으며, 친숙하다는 뜻이지. 그런데 '나는 물이 끓는점은 100℃라는 것을 안다'라고 할 때 '안다'는 어떤 정보를 파악하고 있다는 뜻이야. 사실인지 거짓인지 엄밀하게 따질 수 있는 지식이지."

"아……."

양희 언니의 말에 송희는 고개를 끄덕였습니다. 양희 언니는 계속 설명해 주었습니다.

"그러니까 '어디 가는 길을 안다', '누구를 안다' 이런 것을 직접지라고 하고, '물의 끓는점이 100℃라는 것을 안다'는 기술지라고 하는 거야."

"그러니까 언니 말은 '〜이다', 라는 기술(記述)에 의한 지식은 '기술지', 그리고 직접 경험해서 알 수 있는 것은 '직접지'라고 한다는 거지?"

– 《러셀이 들려주는 지식 이야기》(자음과모음)

1. 제시문 (가)를 읽으면 우리는 지식을 알 수 있죠? 그러면 그 지식의 유형이 무엇인지 제시문 (나)에서 찾아 설명해 보세요.

03 다음 글을 읽고 300자 내외로 요약해 보세요.

18세기를 거치면서 점진적으로 폭넓고 실용적인 지식 개념으로 나아가고 있던 변화가 갑작스럽게 가속화되기 시작한 것은 세기 말에 일어난 프랑스 혁명과 기계의 발달이 원인이었다. 그 후 150년을 거쳐 오는 동안 사람들은 '무용한 지식'의 가치에 대해 점점 의문을 제기하게 되었고, 반면에 공동체의 경제적 삶에 적용할 수 있는 것만이 가치가 있는 유일한 지식이라는 믿음이 점차 확산되었다. 이제 지식은 그 자체로 좋은 것, 혹은 폭넓고 인간적인 인생관을 세우는 수단이라기보다는 단순히 전문적인 기능으로 여겨지게 되었다.

(중략) 아이에게만 놀이가 필요한 게 아니다. 어른에게도 현재의 즐거움 이외엔 아무 목적도 없는 행위에 빠지는 시간이 필요하다. 그러므로 놀이가 제 구실을 다할 수 있기 위해서는 일과 관계없는 부분에서도 기쁨과 흥미를 찾아낼 수 있어야 한다. 현대의 도시인들은 점점 더 수동적이고 집단적인 여흥, 즉 다른 사람들의 능란한 활동을 피동적으로 구경하는 쪽으로 기울어가고 있다. 물론 그런 여흥도 전혀 아무 것도 안 하는 것보다야 낫겠지만, 교육을 통해 일과 관계없는 부분에서 폭넓은 지적 관심사들을 가지게 된 사람들의 여흥에 비하면 그리 바람직하지 않다.

(중략) 기계의 생산력으로 인류에게 혜택을 준 발전된 경제 조직이 여가

를 파격적으로 증대시키는 것으로 이어져야 마땅하지만 여가가 많아지면 상당한 지적 활동과 관심사들을 보유한 사람들을 제외하고는 대부분 지루해지기 십상이다. 여가를 가진 인구가 행복할 수 있다면 그것은 틀림없이 교육받은 인구이며, 또한 그 교육은 직접적 유용성을 가진 과학·기술적 지식뿐만 아니라 정신적 기쁨도 목표로 했음이 틀림없다.

(중략) '무용한 지식'은 사소해 보이는 부분에서까지 개인들에게 커다란 즐거움을 줄 수 있다. 그러한 지식의 추구를 가능케 해주는 것은 바로 사색하는 습관인데, 여기에는 게으름이 요구된다. 사람들은 게으를 수 있을 때 비로소 마음이 가벼워지고, 장난도 치고 싶어지며, 스스로가 선택한 건설적이고 만족스러운 활동들에 전념할 수 있기 때문이다. 그러나 대부분의 현대인에겐 '무용한 지식'을 추구하며 빈둥댈 돈도 여가도 없다. 왜냐하면 그들은 효율성 숭배에 사로잡혀 있기 때문이다. 따라서 지식의 경제적 혜택 혹은 그러한 혜택이 가져오는 타인 위에 군림하는 권력의 증대만이 가치 있는 것으로 여겨진다.

게으름을 부려도 좋은 만큼의 자원을 가진 운 좋은 사람들은, 큰 지배력을 가질 순 있지만 인생의 폭넓은 목적들에 대한 반성적 이해를 할 수 없게 만드는 정력적인 활동에 눈이 멀어 게으름을 냉대하기 일쑤이다. 이 같은 도구적 지식관은 해로운 것이다. 현대의 기술은 임금의 저하나 실업을 동반하지 않고도 하루 4시간 노동을 가능하게 해 준다. 그렇게 되면 남녀 누구나가 각자 선택한 활동들을 자유롭게 추구할 수 있을 것

이고 노동의 압제에서 해방될 수 있다.

— 러셀,《게으름에 대한 찬양》

01

1. 공부하는 데에 있어 스스로 하는 학습이 굉장히 중요하다고 합니다. 학교에서 배운 내용을 바탕으로 예습과 복습을 철저히 하면 성적이 오른다고 하지요. 하지만 우리 실상은 그렇지 않습니다. 수학 학원, 영어 학원, 논술 학원에서 다음 학기 공부를 합니다. 학교에서 선생님이 가르쳐 주시는 내용은 이미 학원에서 배운 것이라서 선생님의 말씀을 잘 듣지 않습니다. 그러다 학원을 관두면 괜스레 마음이 불안하고, 공부를 많이 하지 않는 기분이 듭니다. 이런 모습은 스스로 학습하는 습관이 아니라 알게 모르게 학원에 의존하였다는 것을 뜻합니다. 하지만 제시문 (가)의 아버지는 도둑질 같은 천한 기술도 스스로 터득하였을 때 으뜸이라고 하였습니다. 그리고 기술이든 학문이든 스스로 터득하고 경험과 지혜를 쌓았을 때 으뜸가는 존재가 된다고 하였습니다. 이것을 교훈 삼아 우리가 공부를 할 때에도 학원에 의존하기보다 스스로 문제를 풀고, 틀린 것을 바로잡기 위해 노력하는 과정을 계속 해야 합니다. 어렵다고 피하는 것이 아니라 어려운 것도 경험하면서 스스로 문제를 고쳐 나갈 수 있는 학습을 해야겠습니다.

2. 제시문 (가)는 도둑질을 학문에 비유하여 설명하고 있습니다. 아무리 훌륭한 스승에게 도둑질을 배운다고 하더라도 본인이 직접 경험하여 깨닫고 응용하는 것이 더 낫다고 말합니다. 즉 배움에 그치는 것이 아니라 어려움에 처하더라도 스스로 터득하면서 배우는 태도가 중요하다는 뜻입니다. 제시문 (나)는 벼락치기로 한 공부와 매일 학습하고 꼼꼼하게 원리를 찾아간 공부를 비교하면서, 벼락치기는 올바른 공부가 아니라고 말하고 있습니다. 도둑질을 하면서도 어렵고 긴박한 상황에 놓였을 때 해결 과정을 몸소 느끼고 체험하면서 배우는 것이 더 효과적입니다. 공부도 마찬가지입니다. 아무리 훌륭한 수학 선생님이 문제 푸는 방법을 가르쳐 주어도, 우리가 스스로 문제를 풀어 보면서 공부하지 않는다면 수학 실력은 늘지 않습니다. 문제를 풀고 틀리고 또 틀리면서 왜 틀렸는지 알

고, 다른 문제에도 응용하면서 공부한다면 스스로 문제와 해답을 터득하는 공부가 됩니다.

02 1. 제시문 (가)에서는 집합의 수학 기호를 가르쳐주고 있습니다. '1은 집합 B의 원소이다.'를 수학 기호로 나타내면 '1∈B'입니다. 원소가 집합에 포함되어 있을 때 '∈' 수학 기호를 쓴다는 것을 알 수 있습니다. 그리고 원소가 포함되지 않을 때는 '∉'라는 수학 기호를 쓴다는 것도 알 수 있습니다. 우리가 여기에서 원소의 포함 관계를 말해 주는 수학 기호를 안다는 지식은 '기술지'입니다. '직접지'는 경험이나 본인에게 친숙한 정도에 따라 달라지는 지식을 말합니다. 그러니 '기술지'는 명백하게 객관적인 사실로서 참과 거짓을 정확하게 따질 수 있습니다. '기술지'가 참일 때 진리라고 하며, 지식의 조건이 됩니다.

03 근대에 들어서면서 경제적인 이익이나 실용적인 목적에 도움이 되는 지식만을 가치 있게 여기는 분위기가 생겨났다. 하지만 유용한 지식만을 추구할 경우, 진정한 인간성을 살릴 수 있는 정신적 기쁨을 얻지 못한다. 행복하고 자유로운 삶을 살 수 있기 위해서는 일과 관계없는 기쁨과 흥미도 느낄 수 있어야 한다. 따라서 효율적인 과학 기술 뿐만 아니라 정신적 기쁨을 주는 무용한 지식도 필요한 것이다. 현대 기술의 발달로 인해 일에 파묻혀 수동적이고 타율적인 삶을 살지 않고, 진정으로 원하는 활동을 추구할 여가 시간도 생겨나고 있다. 이제는 더 이상 노동의 노예가 되지 않고 주체적으로 자신의 삶을 살아가는 자세가 필요하다.